RÉFLEXIONS HISTORIQUES

SUR

LES NATIONALITÉS

RÉFLEXIONS HISTORIQUES

SUR LES

NATIONALITÉS

PAR

O. DE LIRON D'AIROLES

A MONTPELLIER

IMPRIMERIE TYPOGRAPHIQUE DE GRAS

1866

AVANT-PROPOS

Animé d'une conviction profonde et sincère, nous nous étions efforcé, dans l'étude qui suit, de dégager le principe des nationalités des préjugés, des préventions, des passions qui l'entourent de nuages.

Notre opuscule était livré à l'impression lorsque le principe dont il s'agit a reçu, après une courte mais sanglante campagne, une éclatante consécration. L'Autriche s'est résolue enfin à restituer la Vénétie à la nationalité italienne, par l'intermédiaire de la France. Nous saluons ce grand fait, désormais historique, comme un gage certain de la pacification dont l'Europe et le monde seront redevables à la grande et belle politique de l'Empereur Napoléon III.

L'Autriche se trouve désormais, à son tour, sous

la sauvegarde de ce principe des nationalités, si vrai, si juste, et néanmoins si longtemps méconnu.

Les événements ont dépassé et devancé nos prévisions et nos espérances; mais notre étude n'est pas encore dénuée de toute opportunité. Des négociations vont s'ouvrir, et les nationalités devront être prises en grande considération pour la solution des problèmes politiques réservés à l'avenir.

Le monde s'engage dans une direction nouvelle; puisse-t-il ne pas s'égarer dans cette voie salutaire, qui conduit à une pacification relative!

Il nous paraît évident que l'idée des nationalités a une grande importance fondamentale relativement aux motifs, au but et au dénoûment de la guerre, qui, nous l'espérons, va bientôt finir; c'est pourquoi nous croyons devoir rendre ici, à la mémoire des victimes qui viennent de donner leur sang et leur vie pour cette grande cause, sous quelque drapeau qu'elles aient été atteintes, un profond et respectueux hommage de reconnaissance et de regrets!

Montpellier, le 6 juillet 1866.

O. DE LIRON D'AIROLES.

RÉFLEXIONS HISTORIQUES

SUR

LES NATIONALITÉS

> « Quand le Très-Haut divisa les peuples,
> » quand il sépara les enfants d'Adam, il
> » marqua les limites des nations. »
> *(Deut.*, ch. xxxii, 8)

> « . . . Il y a de certaines bornes que la
> » nature a données aux États pour mortifier
> » l'ambition des hommes. »
> (Montesquieu, *Grand. et déc.*, ch. v.)

I

Réflexions préliminaires

L'époque où nous vivons est trop souvent méconnue. Sans doute, comme tout ce qui touche à l'humanité, elle a ses défauts et ses vices; mais on l'accuse parfois à tort de confondre et d'offenser le droit, la justice, de donner systématiquement carrière aux passions révolutionnaires.

Nous nous proposons dans cette étude de réduire ces reproches à leur juste valeur, et nous espérons qu'il nous sera facile de démontrer que l'ancien ordre de choses nous a légué, avec ses grandeurs et ses gloires, les germes dont nous récoltons aujourd'hui les fruits souvent amers et empoisonnés.

La société actuelle n'est pas l'auteur de tous les maux qu'elle endure; elle subit les tristes conséquences de la situation fausse qui a été faite à l'Europe et au monde par les fautes accomplies, les erreurs commises au nom de l'équilibre européen.

En 1789, les vrais principes de la politique intérieure ont été proclamés et définis; nous sommes en possession de ces théories fécondes dont l'adoption dans la pratique est malheureusement circonscrite et limitée par les passions soulevées et par les excès produits dans des expériences malheureuses. L'apaisement progressif des esprit sest la condition nécessaire aux développements successifs de nos libertés.

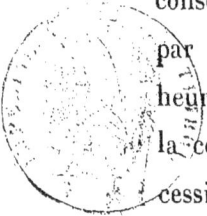

Au point de vue des relations internationales, nous sommes encore dans la confusion que nous avons héritée de nos pères. On ne s'est pas entendu jusqu'à nos jours sur la théorie ni sur les principes; aussi les esprits droits et sincères, émus des dangers qui menacent la société, cherchent-ils un remède à tant de maux. Est-ce à eux que l'on peut reprocher de mépriser le droit et la justice lorsqu'ils tentent de donner, enfin, aux relations réciproques des nations des bases solides et sérieuses, en dehors et au-dessus des ambitions et de l'arbitraire?

Un jour viendra, qui n'est pas éloigné peut-être, où la pureté et l'efficacité du principe des nationalités seront enfin reconnues. A partir de ce jour, le droit public entrera dans une ère nouvelle, dans laquelle, pour notre part, nous le verrons s'engager avec confiance.

Nous entendons attaquer souvent les tendances politiques manifestées plus spécialement dans les dernières années écoulées. Nous ne les défendons certes pas en ce qu'elles peuvent avoir de désordonné, de contraire à la justice; mais l'état de choses qui les avait précédées était-il lui-même irréprochable ? Ne procédait-il, pas lui aussi, de faits accomplis dont l'origine pourrait être attaquée ? Ne les consacrait-il pas avec trop de facilité ou de complaisance?

En politique, il ne nous semble pas que l'on puisse stigmatiser ou adopter d'une manière absolue une théorie des faits accomplis. Cette théorie est purement imaginaire. Les faits conservent toujours leur valeur intrinsèque, indépendante des moyens qui les ont accomplis. D'un autre côté, l'ancienneté des faits ne les rend pas inviolables toutes les fois qu'ils ne sont pas conformes à la logique ou bien aux exigences d'une situation nouvelle.

Rien ne peut être immobilisé sous le soleil : l'esprit humain et les institutions qu'il établit opèrent leur révolution comme les astres; mais l'esprit de l'homme est libre et cherche la vérité par des voies diverses.

La tendance générale de notre temps veut que la souveraineté réside désormais dans la volonté des majorités, et, quoi qu'on puisse dire, il ne peut y avoir de prescription acquise contre ce principe. L'opinion veut aussi que la répartition des terri-

toires soit faite dans l'intérêt des populations. Ainsi
que cela a été dit, il y a quelqu'un qui a plus de
sens et de raison qu'un individu quelconque : c'est
tout le monde. Nous reconnaissons que, philoso-
phiquement, cette opinion n'est pas absolument
vraie; mais on nous accordera que, dans la pratique, de nos jours elle est seule applicable.

Toutes les prétentions, toutes les ambitions ont
cherché à s'asseoir sur la volonté des masses, et ce
n'est que lorsque cette base leur a fait défaut
qu'elles ont affecté de la mépriser. Vouloir remonter
le courant de ces idées est une tentative vaine et
dangereuse. L'opinion la plus générale semble dé-
cidée aujourd'hui à tenter une expérience dans le
sens de la souveraineté des peuples et de la volonté
des majorités, qui lui paraît offrir plus de garanties
que l'ancien ordre de choses : c'est son droit de le
faire et de s'instruire à ses dépens, en supposant
qu'elle se trompe. Il est tout naturel que les hommes
qui ne partagent pas ces convictions et ces espérances cherchent à les réfuter et à les éclairer; mais
pourquoi veulent-ils parfois les stigmatiser et les
flétrir?

Qui donc est sûr de ne pas se tromper dans des questions purement politiques ou sociales ?

La situation faite aux nations dans le passé n'a pas été assez prospère ni assez pacifique pour que l'on puisse interdire aux générations contemporaines d'entrer dans une voie nouvelle.

N'est-il pas, au contraire, plus logique et plus sage, au lieu de les maudire, de se plier aux désirs et aux besoins nouveaux des temps en ce qu'ils ont d'honnète et de légitime, ou bien de les étudier au moins avec bienveillance ?

Tout ce qui est nouveau n'est pas nécessairement faux et mauvais : le Christianisme lui-même fut considéré par les païens, à son apparition, comme une opinion dangereuse, subversive, révolution- naire; comme telle, on la proscrivait et on mar- tyrisait ses adeptes [1].

Il y a donc des changements salutaires. Éclairés par l'histoire, nous devons reconnaître que le droit public et international est loin d'être assis sur les meilleures bases, et que les nations ont plus à

---

[1] Tac., A., l. XV, 44.

gagner qu'a perdre à en chercher de plus solides et de plus rationnelles que par le passé.

Il est incontestable que l'ancien ordre de choses, à cet égard, a exposé le monde à des convulsions périodiques; la doctrine qui semble devoir triompher dans l'avenir repousse le morcellement artificiel des nations, qui a pu avoir sa raison d'être dans le passé, mais qui n'est plus admissible à l'époque où nous vivons. Contre ces idées, les préjugés, les préventions se coalisent; mais, en dépit de ces résistances, il faut enfin que l'on reste convaincu qu'il est absolument impossible de ne pas marcher avec son temps, c'est-à-dire de ne pas accorder à l'opinion les concessions légitimes qu'elle réclame.

Ce sont ces changements successifs qui constituent le progrès, lorsqu'ils sont opérés avec sagesse et maintenus dans la droite voie par un pouvoir fort et respecté : c'est le mouvement qui est le signe et le résultat de la vie des nations; or il importe de le diriger dans les voies de la religion, de la morale et de la paix, qui seules peuvent assurer le vrai progrès de l'humanité. Au lieu d'opposer à une

situation nouvelle et à ses exigences des résistances
inopportunes, ne doit-on pas plutôt s'en emparer,
les soumettre au creuset de l'étude et de l'expérience,
accepter loyalement celles qui sont honnêtes,
grandes, généreuses, signaler et rejeter au contraire
celles qui sont fausses, afin de diriger ainsi les
destinées de l'humanité vers un avenir meilleur?

Tous les esprits sérieux qui ont médité les leçons
de l'histoire ont été frappés de la fréquence, de la
continuité des luttes et des guerres, Sans doute ce
fait s'explique par les incurables passions des
hommes, par une longue et difficile période d'éla·
boration et de classement des populations répandues
sur le globe; mais on reste généralement convaincu
qu'aujourd'hui les peuples se sont suffisamment
assis sur les divers territoires, que notre époque
est parvenue à un degré de connaissance et de
civilisation assez avancé pour qu'il soit opportun
de diriger les esprits dans le sens d'une pacifica·
tion au moins relative et faire succéder une ère de
paix solide à la phase belliqueuse que nous tra·
versons.

Il est évident qu'il ne peut s'agir ici de la chimère

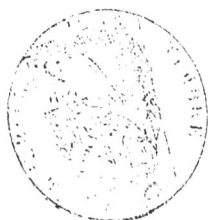

séduisante poursuivie par le bon abbé de Saint-
Pierre : la paix perpétuelle et générale ne peut être
entrevue même dans les horizons les plus éloignés
de la perfectibilité humaine. Toutefois on obtiendra
un important résultat en étudiant et en constatant
les écueils rapportés dans l'histoire ; ainsi l'on
pourrait peut-être prévenir et rendre plus rares les
causes qui engendrent les guerres. Réduit à ces
proportions modestes, nous ne croyons pas que le
problème soit chimérique ni insoluble, bien qu'il
présente encore de grandes difficultés. Tenons pour
certain que le droit public et international, tel qu'il
nous a été transmis, n'est pas étranger aux luttes
de nos jours ; on y trouve, en effet, mêlées avec
le bien, des fautes, des transgressions évidentes des
lois de la nature et de la Providence. Nous ne disons
pas que notre génération eût mieux fait que ses
devancières, mais elle profite de leurs expériences;
leurs fautes doivent nous servir de leçons.

Actuellement, les nations, sorties de la période
d'élaboration, s'observent encore d'un œil méfiant
et jaloux. Depuis un demi-siècle, l'Europe a joui
d'une paix plus apparente que réelle : le système

ruineux de la paix armée témoigne de l'état général des esprits ; l'incendie couvait depuis longtemps, et, au moment où nous écrivons ces lignes, il est peut-être bien près d'éclater et d'embraser toute l'Europe. Or, de même qu'une nation doit se faire puissante, pendant la paix, pour l'éventualité de la guerre, de même, quand la guerre est imminente ou déchaînée, elle doit étudier et méditer les conditions et les bases de la paix future ; c'est pourquoi nous n'avons pas considéré ce travail comme inopportun ou intempestif. Ne faut-il pas, en effet, bien connaître un mal pour y trouver un remède ? Quand il est découvert, on doit le formuler et finalement le faire accepter : ce n'est pas l'œuvre d'un jour ; les idées même les plus fécondes et les plus vraies ont toujours à lutter contre les passions, les aveuglements et les intérêts opposés. Gardons-nous d'attendre au dernier moment pour méditer les traités, surtout lorsqu'il s'agit de changer les bases sur lesquelles ils ont reposé jusqu'à ce jour.

Dans toutes les questions sociales, les changements doivent être opérés avec calme et mesure ; la discussion loyale est le flambeau qui éclaire et précède leur solution. Les esprits timides et peu clairvoyants redoutent ces changements et les repoussent, les imaginations vives et téméraires dépassent le but et compromettent la théorie par des systèmes irréfléchis et absolus: la vérité est entre ces deux points extrêmes, et le véritable progrès a des allures qui, pour être calmes et lentes, n'en sont que plus fermes et plus sûres; c'est le plus court chemin dans la voie de la perfectibilité humaine, et cela en dépit des impatiences qu'il soulève. En effet, en morale et en politique, il n'est pas exact de dire, comme en géométrie, que la ligne droite est la plus courte entre deux points donnés : il faut ici tenir compte des milieux et des résistances qui s'y produisent ; au lieu de les brusquer, il faut concilier les idées opposées et leur faire opérer réciproquement toutes les concessions logiquement et légitimement possibles.

II

Défaut de stabilité des traités

Ce qui frappe en lisant l'histoire, en même temps que la fréquence des guerres, c'est l'inanité des nombreux traités de paix qui ont été signés dans le passé. Cette observation serait vraiment décourageante pour l'avenir si l'on ne concevait une secrète et vague espérance.

D'après une statistique récente, il aurait été conclu et juré avec les formes les plus solennelles, depuis les temps historiques, 8,597 traités de paix, d'alliance ou d'amitié perpétuelles[1].

On avait eu soin cependant de donner à ces traités tous les caractères essentiels de la pérennité, et nonobstant ils ont été presque tous promptement violés en tout ou en partie.

Depuis les traités de Westphalie, un seul a eu

[1] O. Barrot, Lettres sur la Philosophie de l'histoire, 9.

une durée sérieuse : c'est le traité de commerce conclu, le 27 décembre 1703, entre l'Angleterre et le Portugal, et qui porte le nom de Methuen, l'ambassadeur anglais qui le signa.

Les traités de 1815 ont été promptement déchirés en Belgique, en Grèce et en Italie. Au moment où nous écrivons, l'un des premiers souverains de l'Europe a déjà proclamé solennellement leur déchéance. Est-ce à dire qu'il faille désespérer de la diplomatie, du droit international dans l'avenir, et que l'antagonisme et la guerre soient l'état normal des peuples? Loin de nous cette pensée. Cela prouve seulement peut-être que les nombreux traités dont nous avons parlé reposaient sur une base fausse et arbitraire. Si donc l'on parvenait à signaler le vice qui les rendit si fragiles, l'on pourrait obtenir plus de stabilité.

Les temps qui nous ont précédés nous ont légué, ainsi que nous l'avons déjà remarqué, le bien avec le mal.

L'éternelle gloire de l'ancienne monarchie est d'avoir constitué notre nationalité, d'avoir fait notre France grande et forte, de l'avoir mise à la tête des

nations civilisées après avoir traversé la période
difficile de l'élaboration.

Il importe que notre génération apporte à son
tour sa pierre à l'édifice de la perfectibilité indéfinie
de la société humaine ; c'est pourquoi nous devons
faire des efforts constants vers cet idéal. Nous nous
élèverons ainsi d'un degré dans l'échelle de la civilisation qui nous rendra meilleurs. L'œuvre de notre
époque, pour atteindre ce but, sera la définition et
l'adoption du principe fécond et salutaire des
nationalités, comme base du droit public international.

III

Le Peuple, la Nation, l'État

Nous devons rappeler ici quelques principes.

Contrairement aux idées de Hobbes, de J.-J.
Rousseau, de Bentham et des philosophes de la même
école, qui considèrent l'état de société comme n'étant
pas inhérent à la nature humaine, l'homme est un

être essentiellement *sociable*, c'est-à-dire destiné par
la Providence ou la nature (selon le point de vue
où l'on se place) à vivre dans l'état de société, sans
lequel il ne pourrait pas se développer.

La *famille* a été la première forme d'association.
Cette association s'est étendue, et l'on a vu se former successivement la *tribu,* le *peuple,* la *cité,* la
nation, l'*État.* Il est très-important, dans le sujet
qui nous occupe, de fixer les caractères qui distinguent entre eux le peuple, la nation et l'État.
Voici, à cet égard, les idées qui nous ont paru
reposer sur la nature des choses :

Un *peuple* est une agrégation de familles ayant
une origine et une langue communes, des caractères, des mœurs et des aspirations identiques. Le
mot *peuple* peut se dire d'une population indépendamment de la pensée d'un territoire; c'est sans
doute par suite de cette considération que l'on
désigne à peu près exclusivement sous cette déno-
mination les masses barbares qui, à diverses reprises, parties de l'extrême Orient, se ruèrent
sur l'Occident du IVe siècle au IXe siècle de notre
ère. Il nous semble, en effet, que l'on ne dit

jamais : la *nation* des Huns, des Goths, des Van-
dales, etc.; on se sert généralement du mot *peuple*
tant que durent la période d'invasion et la vie no-
made. Depuis la dispersion des Juifs, on dit plutôt
le *peuple* juif que la *nation* juive, et, quand on se
sert de cette dernière expression, c'est peut-être en
souvenir du passé.

L'opinion de Pufendorf semble confirmer l'idée
que nous venons d'émettre. Le mot *peuple*, dit-il,
« se prend en général pour tout le corps de l'État ou
pour *l'assemblage de tous les sujets en particulier*[1]. »
Il ne fait, on le voit, aucune allusion aux pays
occupés par le peuple.

Le mot de *nation* nous semble devoir s'appliquer,
au contraire, à un peuple *fixé sur un territoire* où il
naît, où il meurt, qu'il approprie à ses besoins et
dont il reçoit en retour les impressions profondes et
ineffaçables produites sur le physique et sur le moral
par le climat, la constitution géologique et la con-
formation géographique du pays. Il s'opère ainsi,
avec le temps, par suite d'actions et de réactions

---

[1] Pufendorf, *de Jure pacis et belli*, liv. VII, ch. II, XIV.

réciproques, une certaine assimilation ou identifica-
tion entre le territoire et le peuple qui l'occupe :
c'est alors que le *peuple* devient une *nation*. Ce
sont les faits dont nous venons de parler qui expli-
quent le sentiment si vif qui attache l'homme de
cœur à son pays et le porte à sacrifier volontaire-
ment sa vie, pour l'honneur, la prospérité et l'indépendance de la nation dans laquelle il est né, et au
sein de laquelle se sont développées ses forces physiques et morales.

« L'*Etat,* selon Pufendorf[1], est une personne mo-
» rale composée, dont la volonté, formée par l'union
» des volontés de plusieurs, en vertu de leurs con-
» ventions, est regardée comme la volonté de tous,
» afin qu'elle puisse se servir des forces et des facul-
» tés de chaque particulier pour procurer la paix et
» la sùreté communes. »

Cette définition est longue et confuse, selon l'opinion de Barbeyrac, et, comme Louis XIV, elle con-
fond le souverain avec l'Etat. La vérité est, d'après
le savant traducteur de Pufendorf, que l'Etat est un

---

[1] *De Jure nat. et gent.,* liv. VII, ch. II, XIII.

corps dont le souverain est le chef et les sujets les membres ; du reste, les définitions de l'Etat ont été nombreuses et variées. Dion Chrysostôme[1] le considère comme « une multitude de gens qui demeurent dans le même pays et qui sont gouvernés par des lois. »

Saint Augustin nous a conservé la définition de Cicéron à cet égard ; elle était au troisième livre de la *République*, et Gronovius la cite dans ses notes sur Grotius[2] : « *Multitudo juris consensu et utilitatis* » *communione sociata* ».

Quelles que soient les différences qui existent entre ces diverses définitions, l'Etat est la souveraineté qui représente la nation ; il est le centre vers lequel convergent toutes les forces et d'où elles rayonnent après s'y être affermies. L'Etat est, pour ainsi dire, le cœur de la nation, ou bien une personne morale qui la représente, la conduit et entretient avec les autres Etats des relations nécessaires

---

[1] *In Borysthenio, sive orat. XXXVI,* p. 43. Édit. Paris., Morel.

[2] Liv. I, ch. I, XIV.

au développement et à la conservation de la société humaine. De ces relations naissent des droits et des devoirs réciproques, dont l'ensemble constitue la science du droit public international ou droit des gens [1].

Il semble résulter de la doctrine généralement admise que l'idée de l'Etat ne peut naître que lorsqu'il s'agit de peuples fixés sur un territoire.

D'après ces opinions, l'Etat n'existerait, à proprement parler, que dans la nation ; il importe donc de bien déterminer ce qui compose cette dernière.

IV

La Nationalité. — Trois signes de la nationalité. - Territoire, langue, conscience

Le mot *nationalité* peut être pris dans deux sens : particulier ou général. La nationalité d'un peuple,

---

[1] De Martens, t. I, introd., § 8, p. 56, §§ 10, 11, 12.
Eschbach, *Introd. gén. à l'ét. du droit*, p. 41. — *V.* aussi Heffter, *le Droit intern. public,* trad. de M. Berxon, § 16 et suiv.

d'un individu, d'un navire, etc., etc., indique la qualité qu'ont ce peuple, cet individu, ce navire.... de faire partie de telle ou telle nation.

Pris dans une acception générale, celle qui nous occupe, le mot *nationalité* désigne *l'ensemble de tout ce qui appartient à une nation et est appelé naturellement et providentiellement à la constituer*.

Les nationalités désignent plus spécialement ces groupes divers considérés séparément, d'après les signes qui caractérisent chacun d'eux et les distinguent du groupe voisin ; mais la nationalité est-elle une idée vague, *abstraite ?* La solution affirmative de cette question constituerait, selon nous, une erreur profonde ; l'idée de nationalité est, au contraire, *essentiellement concrète*. Elle se lie, en effet, d'une manière intime, à tout ce qui constitue la société, soit au physique, soit au moral.

Les nationalités sont, à nos yeux, affirmées par trois signes naturels ou providentiels évidents. L'existence de ces signes est si réelle, si frappante, ils tiennent si intimement à la nature des hommes et des choses, qu'il n'est pas permis de les confondre ou de les méconnaître impunément.

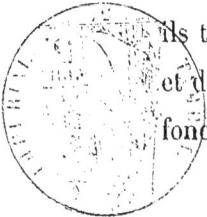

Les enseignements de l'histoire viennent à l'appui de ce que nous avançons, ainsi que nous essayerons de l'établir dans la suite.

Les signes dont nous parlons actuellement sont :

1° Un territoire nettement limité,

2° Une langue,

5° Une conscience.

1° *Territoire.* — La terre que l'on habite ensemble, a dit Bossuet[1], sert de lien entre les hommes et forme l'unité des nations.

En lisant l'histoire, on se confirmera dans cette pensée, et l'on se convaincra facilement que l'œuvre fondamentale pour tous les peuples a été de s'approprier un territoire, de s'y établir dans les conditions les meilleures de sécurité et de bien-être ; la possession de ce territoire est nécessaire à l'accomplissement d'une vocation spéciale et souvent mystérieuse. Nulle histoire ne découvre et n'établit plus

[1] *Polit. tirée de l'Écriture sainte*, liv. I, art. 2, prop. II et III.

clairement ces vérités que celle du peuple juif. Nous allons extraire de cette histoire quelques traits qui nous ont paru constituer la preuve de ce que nous avançons pour ceux qui, comme nous, admettent l'inspiration des Ecritures et la Providence d'un Dieu créateur. Nous trouverons ensuite des preuves rationalistes et naturelles en faveur de notre thèse. Dans le principe, Dieu dit à Abraham : « Sors de » ta terre, de ta parenté, de la maison de ton père; » viens *en la terre* que je te montrerai. »

Lorsque Abraham fut arrivé à Sichem, ville des Chananéens, Dieu lui apparut et lui dit : « Je don- » nerai cette terre à ta postérité [1]. »

Cette promesse fut renouvelée dans des termes encore plus précis lorsque Abraham se fut séparé de Loth : « Lève les yeux, dit le Seigneur, et regarde » du lieu où tu es maintenant vers l'aquilon et le » midi, vers l'orient et l'occident. Toute la *terre* que » tu vois, je la donnerai à toi et à ta postérité…; je » multiplierai ta postérité comme la poussière, et » si quelqu'un d'entre les hommes peut nombrer la

[1] *Gen.*, XII, 1, 6, 7.

» poussière de la terre, alors il pourra nombrer ta
» postérité. Lève-toi et te promène *sur la terre*
» en sa longueur et en sa largeur, car je te la don-
» nerai [1]. »

Après la délivrance de Loth, Dieu apparut encore
à Abraham, selon le Livre sacré, et lui dit : « Je
» suis le Seigneur qui t'a fait sortir d'Ur des Chal-
» déens, afin de te donner cette terre en hé-
» ritage [2]. » Et plus loin, précisant davantage :
« Je donnerai cette terre à ta postérité, *depuis le*
» *ruisseau d'Egypte jusqu'au grand fleuve d'Eu-*
» *phrate* [3]. »

---

[1] *Gen.*, XIII, 14, 15, 16, 17.

[2] *Gen.*, XV, 7.

[3] *Gen.*, XII, 18, 21.
Le torrent d'Egypte a son embouchure à El-Arisch,
l'ancienne Rhinocorure. Napoléon 1er, en 1799, avait
reconnu que ce point était la limite naturelle et forcée
entre l'Égypte et les pays situés au nord-est. (V. Thiers,
Cons. et Emp., t. II, liv. V, p. 26.) Ce torrent d'Egypte
est probablement le même que celui dont il est parlé
dans le passage de la *Genèse* et dans le livre de Josué
(XII et 3), au sujet du partage de la terre de Chanaan.
Il nous semble que le torrent dont il s'agit dans la promesse faite à Abraham est bien celui qui a son embouchure à l'ancienne Rhinocorure, puisqu'il est dit à deux

On le voit, d'après le texte même des Ecritures, l'accomplissement de la vocation sainte du peuple juif est entièrement liée à la possession d'un territoire nettement limité, et ce qui est remarquable dans l'histoire des Juifs, c'est qu'ils furent soumis à des épreuves séculaires avant d'entrer dans cette terre promise, et ils n'en acquirent la possession complète, selon les limites naturelles et les promesses faites à Abraham, que sous le règne de David, c'est-à-dire à une époque où les bénédictions du Ciel atteignirent leur apogée en faveur du peuple qui, sous un saint roi, observait fidèlement la loi mosaïque. Il est permis, en se plaçant au point de vue de l'interprétation mystique des Écritures, de croire que cette prospérité matérielle aurait été un signe des récompenses du Ciel, car après le règne de David, qui avait préparé la construction du temple, il fut donné à Salomon, prince pacifique et civilisateur,

reprises *qu'il arrose l'Egypte;* le cours d'eau qui prend sa source près de l'ancienne Dabir coule à l'occident de la vallée de Mambre et va se jeter dans la mer, au sud de Gaza. Il n'arrose nullement l'Egypte dans aucune partie de son cours, et en est séparé par une chaîne de montagnes.

d'élever cet édifice avec la plus grande magnificence et d'en faire la dédicace au milieu d'une ère de paix. Or les temps où la construction du temple fut préparée, et celui où elle fut exécutée, peuvent être considérés comme l'époque où les faveurs de Dieu pour son peuple furent à leur comble, puisque la destruction de ce temple magnifique devait être à deux reprises le signe le plus sensible de la céleste colère[1].

Nous voyons en effet que, lors de la première destruction du temple par Nabuchodonosor, le châtiment des Juifs devait être une captivité temporaire; mais, lorsque le second temple fut détruit par Titus, le peuple juif ne tarda pas à être rayé du nombre des nations et à jamais dispersé, selon la parole d'Osée[2].

Tant que Salomon marcha dans les voies du Seigneur, sa puissance et la prospérité de la nation juive tendirent à se développer. Palmyre fut fondée

---

[1] Rois III, ch. IX, 3. — Dan, ch. IX, 27. — Jérémie, ch. LII, 12, 13. — Jér., ch. V, 10, 11. — Jér., ch. VII, 4, 11 à 14. — Ev. sel. saint Mat., ch., XXIV 1, 2, 6, 7. 33, 34.

[2] Ch. III, 4.

au milieu des déserts, et du fond de l'Orient les rois vinrent rendre hommage à la grandeur du successeur de David; mais du jour où il permit à l'idolàtrie de pénétrer dans l'intérieur même de son palais, les peuples jadis soumis se révoltèrent, des luttes fratricides commencèrent parmi les Juifs, préludant aux invasions étrangères, et la belle harmonie du puissant royaume de David fut à jamais rompue.

Le *schisme,* c'est-à-dire la division [1], semble être le premier chàtiment infligé au peuple juif pour ses prévarications, comme une agglomération puissante avait été sous David et le commencement du règne de Salomon la récompense de sa fidélité.

La prophétie d'Ahias de Silo [2] vient confirmer cette observation d'une manière éclatante.

Ce prophète rencontra un jour Jéroboam hors des murs de Jérusalem, et, quand ils se trouvèrent seuls, prenant le manteau dont il était couvert, il le coupa en douze parts et dit à Jéroboam : « Prenez

---

[1] De σχίζειν diviser.
[2] Rois, III, xi, 29 et suiv.

» ces dix parts pour vous, car voici ce que dit le
» Seigneur, le Dieu d'Israël : Je diviserai et j'arra-
» cherai le royaume des mains de Salomon, et je te
» donnerai dix tribus. Or une tribu lui restera à
» cause de David, mon serviteur, et de la ville de
» Jérusalem, que j'ai choisie entre toutes les tribus
» d'Israël ; *parce que Salomon m'a abandonné et qu'il*
» *a adoré Astarthé, déesse de Sidon; Chamos, dieu*
» *de Mohab, et Moloch, dieu des enfants d'Am-*
» *mon.* »

Ainsi, dans l'histoire des Juifs, la possession
d'un territoire poussée jusqu'aux limites naturelles
promises [1], — c'est-à-dire l'Euphrate au nord, les
sables de l'Arabie déserte à l'est, la mer Rouge, les
déserts de l'Arabie Pétrée et le torrent d'Egypte au
sud, à l'ouest la grande mer—correspond à l'époque
des bénédictions et des récompenses, tandis que le
schisme et la division de ce territoire concordent
avec le moment où éclatent la colère et les châti-
ments divins.

On peut se convaincre d'ailleurs de l'importance

Genèse, ch. XII, 18, 21.

fondamentale attachée par l'Écriture à la possession d'un territoire et à sa délimination, en voyant avec quels soins, quelles précautions fut opéré le partage de la Terre Promise entre les douze tribus du peuple de Dieu. Bien qu'il ne s'agit alors que des fractions d'une même nationalité, cependant Josué s'efforça de donner à chaque tribu un territoire nettement limité par des mers, des montagnes, des déserts, des fleuves ou des cours d'eau [1].

Enfin la nécessité des frontières nettement marquées est encore consacrée d'une manière claire et précise dans le passage de l'Écriture où il est dit : « Quand le Seigneur divisa les peuples et qu'il sépara les enfants d'Adam, il marqua les limites des nations [2]. »

L'histoire profane, ancienne et moderne, l'opinion des philosophes et des publicistes dans tous les temps, viennent confirmer ces leçons tirées de l'an-tiquité sacrée. Nous avons déjà cité cette parole de Bossuet : Le territoire que l'on habite sert de lien

---

[1] Josué, ch. XIII à ch. XVIII.
[2] Deut., XXXII. 8.

entre les hommes et forme l'unité des nations. Cicéron considérait sans doute comme artificielle, peu stable et peu rationnelle, l'étendue de la domination romaine, lorsqu'il a dit à César : « *Obstupescent posteri certè, imperia, provincias, Rhenum, Oceanum, Nilum*..... » — « La postérité s'étonnera en voyant notre empire et nos provinces arrosées par le Rhin, l'Océan, le Nil[1]. »

Montesquieu insiste, dans une foule de passages de ses œuvres, sur l'intérèt qu'a l'humanité à ce que les territoires soient nettement et équitablement répartis entre les peuples. « Les peuples, dit-il, qui ne vivent pas dans un pays limité et circonscrit auront entre eux bien des sujets de querelles[2]..... »

Ailleurs, il signale les dangers des conquêtes en dehors des limites naturelles et providentielles des nations. « Toute grandeur, selon lui, toute force, » toute puissance est relative. Il faut bien prendre » garde qu'en cherchant à augmenter la grandeur » réelle *on ne diminue la grandeur relative*[3]. »

---

[1] Cicéron, *Pro Marcello,* IX, 28.
[2] *Esprit des lois*, liv. XVIII, ch. XII.
[3] *Id.*, liv. IX, ch. IX.

Enfin l'expérience et les statistiques de la justice
civile établiraient certainement qu'entre propriétaires voisins, les bonnes limites contribuent puissamment à entretenir les bonnes relations : les
bornes incertaines et surtout les propriétés encla-
vées sont des sources presque infaillibles de contes-
tations et de procès.

Il n'est pas étonnant, dès lors, que ces mêmes
causes, ne pouvant être soumises à l'appréciation
d'une autorité judiciaire, produisent des résultats
terribles entre les nations.

Il y a donc un degré d'expansion territoriale que
les nations doivent s'efforcer d'atteindre, mais
qu'elles doivent se garder de dépasser. Cette expansion doit s'arrêter aux limites de la nationalité,
telles que nous essayons de les définir, parce qu'il
y a, dit Montesquieu, de certaines limites que la
nature a données aux États pour mortifier les ambitions des hommes [1].

En 1814, au Congrès de Vienne, un différend
s'était produit entre les souverains au sujet de la

---

[1] Mont., *Grand. et déc.*, ch. V.

Saxe et de la Pologne, qu'il s'agissait d'attribuer, la première à la Prusse, la seconde à la Russie. Le czar Alexandre, afin de dissiper les craintes exprimées pour la sécurité future de l'Autriche par l'empereur François, lui parla de sa loyauté.

« Sans doute, répondit l'empereur d'Autriche, » la loyauté des princes est assurémeut une garan· » tie; mais *une bonne frontière* vaut encore mieux[1]. »

Ainsi la possession intégrale d'un territoire jusqu'aux limites naturelles semble être nécessaire à l'existence d'une nationalité et à l'accomplissement de sa vocation.

L'on remarquera dans l'histoire que la force intérieure de la nationalité croît toutes les fois que cette dernière entre en possession d'une fraction comprise dans ses propres limites; sa puissance décroît au contraire lorsque, dépassant ces limites, elle empiète sur une nationalité voisine.

2° *Langues.* — Nous venons de voir que le territoire, avec ses limites naturelles et providentielles,

[1] Thiers, *Cons. et Emp.*, t. XVIII, p. 514.

est essentiellement lié à la constitution et à la vocation d'une nationalité. Le second caractère qui la
détermine, *c'est la langue*. Il est, en effet, impossible de méconnaître que la conformité, l'analogie
ou l'unité du langage ont sensiblement la même
expansion, la même étendue qu'un certain territoire
qui semble être destiné à constituer, pour ainsi
dire, une unité ou une expression géographique,
indépendamment des subdivisions qui peuvent
exister à l'intérieur. Telles sont, par exemple, la
France, l'Espagne, l'Angleterre, l'Allemagne, l'Italie,
la Suède et la Norwége....... Nous ferons toutefois
observer que le langage n'est pas un signe *absolu*
de la nationalité. En approchant des frontières qui
limitent les territoires, il peut y avoir, et il y a
toujours une zone restreinte, il est vrai, mais ayant
néanmoins encore une certaine étendue, où les
langages sont plus ou moins confondus et où la
ligne de démarcation ne peut être opérée qu'avec
tact et équité.

Quoi qu'il en soit, avec cette base, les incertitudes
relatives à l'établissement des frontières sont singu-
lièrement circonscrites, et peuvent être fixées d'ail-

leurs par le troisième signe de la nationalité, dont nous parlerons tout à l'heure.

L'influence de la langue dans les agglomérations de la société humaine ne peut être méconnue. On ne peut, en effet, attribuer la diversité des langages dans le monde qu'à trois causes :

1° La volonté toute-puissante et providentielle de Dieu ;

2° Une loi de la nature en dehors de toute intervention divine ;

3° Le hasard.

Nous nous empressons de dire que c'est à la première opinion que nous nous arrêtons personnellement ; mais, quel que soit celui de ces trois points de vue auquel on se place, on est forcé de conclure que l'humanité, sous le rapport du langage, n'est pas appelée à former une seule et même agglomération politique.

La Genèse, il est vrai[1], parle de l'unité primitive du langage ; mais elle nous présente la confusion

---

[1] Ch. XI, 1.

des langues, c'est-à-dire leur diversité, comme le châtiment d'un vague projet de coalition et d'unification prématurée, formé par les hommes dans un esprit de révolte contre les desseins de Dieu, leur Créateur et leur Maître. A partir de ce moment, la différence des langues les a forcés à se séparer et à former sur la face de la terre des agglomérations diverses. Si l'on attribue la pluralité des langues à je ne sais quelle loi aveugle et fatale de la nature ou du hasard, cette loi étant permanente et irrésistible, il est inutile de chercher à la prévenir ou à la conjurer; l'humanité est forcément divisée par elle, et n'a qu'à constater le courant qui l'entraîne sans en chercher ni la cause, ni le but.

Dans tous les cas, en raison de la différence des langues, l'humanité n'est pas destinée à constituer une unité sous une seule et même forme. La différence des langues tend donc à séparer les hommes, et, réciproquement, les hommes qui parlent le même langage sont attirés plus spécialement les uns vers les autres, et portés à se grouper, soit sous une forme unitaire, soit sous le lien de la confédération. L'unité, la solidarité et la fraternité du

genre humain sont des conceptions philosophiques
et religieuses qui adoucissent les mœurs, vers lesquelles on doit tendre, mais qui ne peuvent pas
faire perdre de vue l'existence des nationalités dis-
tinctes selon la nature et la Providence, et amener
à confondre dans l'ordre politique ces nationalités,
qui sont séparées par des signes si clairs et si
évidents.

Nous savons que les esprits superficiels, prévenus
ou passionnés, résistent de nos jours à cette tendance, qui consiste à prendre en considération les
analogies de langage pour former les agglomérations politiques ; mais cette théorie, que l'on flétrit
souvent et que l'on affecte de considérer comme
moderne et révolutionnaire, a été reconnue de tous
les temps par les esprits les plus solides et les plus
profonds. On voit au chapitre X de la Genèse que
les peuples sont soigneusement divisés selon les
langues qu'ils parlent et les pays qu'ils habitent.
D'après Cicéron, les liens qui réunissent les hommes
en société sont *la raison et le langage* [1].

[1] *De Offic.*, liv. I, 16.

Si je n'entends point, dit saint Paul, la force d'une parole, je suis étranger et barbare à celui à qui je parle, et il me l'est aussi [1].

Saint Augustin remarque que la diversité de langue fait qu'un homme se plaît davantage avec son chien qu'avec un de ses semblables [2]. Bossuet a dit : « La parole est le lien de la société entre les hommes............ Dès qu'on ne s'entend plus l'un l'autre, on est étranger l'un à l'autre [3]. »

Enfin le langage est considéré si généralement comme l'un des signes les plus évidents de la nationalité, que tous les envahisseurs et les oppresseurs, pour établir et consacrer leur puissance, ont, à un moment donné, tenté de détruire la langue des opprimés.

Telle fut, notamment, la politique détestable, mais logique et fondée, des Hollandais en Belgique après les traités de 1815, et telle est celle des

---

[1] Ep. I, ch. xiv, 11.

[2] Civ. D., XIX, ch. vii.

[3] Bossuet, Polit. tirée de l'Écriture sainte, liv. I, art. 2, prop. 2 et 3.

Russes en Pologne, au moment où nous écrivons ces lignes.

En présence des témoignages que nous venons de citer, il nous semble impossible que l'on n'accorde pas aux langues une importance fondamentale dans les agglomérations nationales, et que l'on ne les considère pas, au contraire, comme un des signes les plus évidents des vocations diverses qui sollicitent les peuples à se rapprocher ou à se diviser entre eux. Mais ici nous croyons devoir prévenir une objection au sujet des divers idiomes locaux ; ainsi, en France, le provençal, le languedocien, le flamand, le picard........ ne sont point des langues nationales.

Les idiomes et les dialectes sont à ces dernières comme les ruisseaux qui se réunissent pour former les rivières et les fleuves. Il ne faut donc pas se méprendre à ce sujet, ni se laisser arrêter par des considérations secondaires, qui entraveraient toute politique sérieuse : on doit, au contraire, se placer à un point de vue plus élevé ; de même que, pour considérer et juger un pays dans son ensemble, il faut gravir une hauteur, afin que le regard puisse en embrasser l'étendue.

5° *Conscience.* — Il y a, enfin, un autre signe qui sert à constater la nationalité d'un peuple : nous voulons parler de la conscience qui existe en lui et d'après laquelle il se rend compte qu'il fait partie de telle ou telle nation. Ce signe, pour être entièrement métaphysique, n'en éclate pas avec moins d'évidence, comme ces forces mystérieuses de la nature dont on ne saisit point la cause, ni les moyens matériels d'action, mais dont on constate les effets puissants et irrésistibles : ces forces éclatent avec d'autant plus de puissance qu'on les comprime davantage.

Cette affirmation de la nationalité par la conscience est tellement puissante, que les peuples vont jusqu'à sacrifier les séductions de la liberté en faveur du triomphe de leur nationalité[1] ; et, quoi qu'on en dise, les peuples ont raison, parce que la liberté nationale est la première de toutes les libertés, celle sans laquelle toutes les autres sont impossibles ou ne sont rien. C'est pour cela sans doute que les

[1] Joly, *Princ. des nat.*, p. 136.

Polonais ont toujours repoussé les libertés illusoires qui, depuis 1815, leur ont été offertes à plusieurs reprises par la Russie.

Nous avons dit que, par suite d'actions et de réactions entre le peuple et le territoire qu'il habite, l'homme concevait un ardent amour pour son pays, et que cet amour le portait à sacrifier sa vie pour l'honneur et l'indépendance de la nation où ses facultés s'étaient développées. Ces sentiments naissent et grandissent mystérieusement dans l'âme humaine d'après les desseins providentiels ou une loi de la nature, en sorte que, à leur insu, les individus et les peuples qui font partie d'une même nation ont conscience du lien qui les attache entre eux et qui resserre la nationalité. Ils sentent que, si tous les hommes sont frères, les enfants d'un même territoire sont néanmoins plus spécialement unis entre eux, comme les fils d'une même famille; qu'ils sont appelés à vivre ensemble, qu'ils sont attachés à la même terre, où ils doivent vivre de la même vie, en suivant les mêmes mœurs. Ils comprennent que tous les peuples, comme les Juifs, ont une vocation providentielle et une terre pro-

mise nécessaire à l'accomplissement de cette vocation. La conscience d'une vocation commune, d'intérêts et d'aspirations identiques, est ce qui dénote
la nationalité des individus et des peuples d'une
manière à peu près infaillible. Partout où ce témoi-
gnage de la conscience est constaté, la nationalité
existe. Là où cesse la conscience, finit la nationalité. On pourrait dire encore de la nationalité qu'elle est l'ensemble des populations suscep-
tibles d'être assimilées et agglomérées sous le triple
rapport du territoire, de la langue et de la conscience. Vouloir enfreindre par la force matérielle
cette séparation toute métaphysique, c'est provoquer à coup sûr des luttes sanglantes et séculaires,
comme celles de la France contre l'Angleterre, de
l'Italie contre l'Allemagne, de la Pologne contre la
Russie.

Les souvenirs que la France voue à Jeanne
d'Arc, la Suisse à Guillaume Tell, attestent cette
vérité et la racine qu'elle a prise dans l'esprit des
peuples.

« Tous les peuples, dit de Maistre, sont con-
» venus de placer au premier rang des grands

» hommes ces fortunés citoyens qui eurent l'hon-
» neur d'arracher leur pays au joug étranger : héros
» s'ils ont réussi, martyrs s'ils ont échoué ; leurs
» noms traverseront les siècles [1]. »

Ce qui prouve, en outre, que ce caractère de la
nationalité n'est pas chimérique, c'est que, selon
l'expression de M. Quinet, la nationalité d'un
peuple peut survivre longtemps à son indépendance :
les temps modernes n'en ont présenté que de trop
nombreux et trop lamentables exemples ; mais le
sentiment qui survit ainsi à la réalité perdue,
comme l'âme survit au corps, est nécessairement
profond, fondamental, providentiel, et ne peut
être taxé d'utopie ou de chimère.

L'on doit observer, enfin, la concordance qui
existe le plus souvent entre l'expansion et l'étendue
des trois signes des nationalités : territoire, langue,
conscience. La coïncidence évidente de ces trois
signes extérieurs, qui sont tous *indépendants de la
volonté des hommes*, leur fait une loi de respecter
ces divisions si clairement établies par la nature ou

---

[1] De Maistre, *du Pape*, liv. II, ch. VII.

la Providence. Il ne faut pas perdre de vue qu'aucun des trois signes de la nationalité *pris isolément* n'a une signification ni une valeur *absolues :* c'est leur coïncidence et leur concordance qui nous semble indiquer et affirmer la nationalité d'une manière infaillible.

En acceptant ces bases, le droit public international sortirait enfin de l'arbitraire, des répartitions iniques et fragiles des territoires et des populations entre les puissances. Il serait plus efficace et plus stable, parce que les lois ne peuvent être équitables et solides que lorsqu'elles reposent sur *la nature des choses,* selon le principe posé par Montesquieu[1]. Elles ne peuvent présenter ces garanties lorsqu'elles ont pris leur source dans les ambitions, les caprices et les passions des hommes; or tel a été précisément le vice du droit public international dans le passé.

[1] *Esprit des lois,* liv. I, ch. i.

V

L'unité politique n'est pas la forme nécessaire pour la
consécration du principe des nationalités

Maintenant que nous avons essayé d'exposer ce
que l'on doit, d'après nous, considérer comme
constituant la nationalité, il nous reste à signaler
une erreur qui est souvent reproduite.

La nationalité est l'ensemble le plus général
caractérisé et affirmé : 1° par un territoire constituant une unité ou expression géographique ; 2° par
une langue ; 3° par une conscience ; mais il est très-
possible, et il arrive souvent, que cet ensemble se
trouve lui-même subdivisé en diverses fractions
homogènes qui peuvent avoir eu une certaine autonomie et l'avoir conservée, mais qui, pour cela,
n'en font pas moins partie du même tout. Il ne
faut donc pas prendre pour des nationalités dis-
tinctes, comme on le fait trop souvent, les subdivisions d'une seule et même *nationalité*. Ainsi il

n'est pas exact de dire qu'il y ait en Italie des nationalités napolitaine, romaine, génoise, florentine,
etc., pas plus qu'en France il n'existe des nationalités
bretonne, provençale, languedocienne ; pas plus
que les douze tribus de la nation juive ne formaient
chacune une nationalité distincte ; pas plus enfin
que Sparte, Athènes, Thèbes, ne constituaient des
nationalités en Grèce. Si l'on s'engageait dans cette
voie, il n'y aurait pas de limites possibles à la division des nationalités, et le dernier hameau pourrait,
lui aussi, réclamer, au nom de la logique, son
indépendance politique : on tomberait dans la théorie
des infiniment petits. Cette voie ne conduirait qu'aux
rivalités mesquines, à la désorganisation et à la
dissolution de la société ; elle ramènerait aux plus
mauvais jours des luttes fatales entre les cités en
Grèce et en Italie, aux plus lugubres temps de la
féodalité, où les seigneurs, relégués dans leurs châ-
teaux forts, étaient en guerre de toute part. C'était
alors le triomphe de la discorde. La vérité nous
paraît être au contraire qu'en Italie, par exemple,
depuis l'extrémité de la Sicile jusqu'aux Alpes Car-
niques, il n'y a qu'une seule et même nationalité.

C'est ainsi , du moins , que l'on paraît avoir pensé même au temps du Dante. Alors la Vénétie, la Lombardie et le Tyrol n'étaient point contestés à la nationalité italienne : « *Là-haut, dans la belle Italie,* » dit le poète, *est un lac au pied des Alpes qui cernent* » *l'Allemagne, au-dessus du Tyrol ; il a nom Benaco*[1]. » De même en France , entre les Pyrénées, le Rhin , les Alpes et la Méditerranée , il n'y a que la nationalité française. Cette règle peut être également appliquée à toutes les nations. Ainsi les divisions basées sur le territoire avec ses limites naturelles, la langue et la conscience , sont à nos yeux les seuls caractères des nationalités , *indépendants de la volonté des hommes et reposant sur la nature des choses.*

Est-ce à dire que l'on doive réunir forcément, sous la forme unitaire, les éléments ou les fractions d'une même nationalité ? Nous nous empressons de protester contre cette idée fatale et erronée ; en politique surtout, toute opinion absolue est le plus sou-

---

[1] C'est le lac de Garde. — Dante, *Enfer*, ch. xx, p. 235. Trad. par M. Delécluse.

vent fausse. L'unité politique *n'est point une condition essentielle et nécessaire de la nationalité.* Chacune des subdivisions peut conserver son autonomie sous le régime de la confédération. L'Empereur Napoléon III admettait probablement cette pensée lorsque, après avoir proclamé la nécessité de rendre la Vénétie à l'Italie, au nom de sa nationalité, il invitait les divers Etats qui existaient alors dans la Péninsule à se réunir sous les liens fédéraux. Sur qui retombe la responsabilité d'avoir fait échouer cette juste et généreuse pensée? C'est ce que nous n'avons pas à examiner ici. Nous trouvons toutefois dans ce fait historique la preuve de cette vérité, que la confédération suffit pour consacrer la nationalité, mais à la condition expresse que chaque fraction restera nationale, c'est-à-dire rejettera toute intervention, toute influence étrangère dans les questions purement intérieures.

L'indépendance entière de toutes les parties d'une nationalité à l'égard de tout ce qui est étranger à elle est indispensable et fondamentale pour l'ordre et l'équilibre, et ce qui peut amener l'unité d'une manière violente et à peu près fatale, c'est lorsqu'un élément étranger se glisse ou s'impose au sein d'une nationalité quelconque. Alors les passions s'exaltent, les luttes et les catastrophes ne tardent pas à se produire jusqu'à ce que la conscience nationale soit satisfaite. N'est-ce pas le triste résultat auquel ont abouti, par exemple, les interventions autrichiennes en Italie ?

En attendant ce résultat, il n'y a pas et il ne peut pas y avoir de repos ou de tranquillité, ni pour la nationalité opprimée ou violée, ni pour les autres nations tenues en éveil par une lutte imminente.

Les obstacles et les résistances se multiplient et excitent les désirs, les impatiences, les efforts et les excès réciproques. Il faut lire l'histoire et observer surtout les événements de notre temps pour se rendre compte de cette vérité, qui nous paraît incontestable.

VI

L'application du principe des nationalités repose sur une idée
d'ordre et de paix. — Les nations aspirent à voir régner entre
elles la paix et la justice. — Tendre à réaliser ces aspirations
idéales, en ce qu'elles ont de pratique, est la base et le but
d'une bonne politique.

D'après les observations que nous avons exposées,
le principe des nationalités, que l'on propose comme
base future du droit public et international, consis-
terait : 1° à prévenir les envahissements des nationalités les unes à l'égard des autres, à ne jamais les
provoquer et à ne point les sanctionner dans les traités; 2° à ne jamais agglomérer par la force, comme
en 1715 et 1815, les populations qui ne réunissent
pas les mêmes caractères de nationalité, c'est-à-
dire de territoire, de langue et de conscience; 3° à
saisir toutes les occasions favorables pour faire
cesser, par les efforts de la diplomatie, ou même
par les armes, selon les cas, les envahissements
iniques consommés dans le passé et qui sont les

éléments réels de guerre et de révolution dans notre temps; 4° protester hautement et solennellement, au nom de la logique et de la morale, contre les abus de la force, les stigmatiser en attendant qu'on puisse les faire disparaître.

Toutes les nations ont, en effet, intérêt à modifier les situations anormales faites à quelques-unes d'entre elles, situations qui constituent une menace, un danger pour toutes les autres, et entretiennent les haines et les défiances. Par suite, les nations sont forcées à conserver, même en temps de paix, des armées nombreuses, qui enlèvent des bras à l'agriculture et grèvent les États et les citoyens de dépenses et d'impôts ruineux, mais obligés. La question des nationalités est liée ainsi intimement aux grands problèmes économiques, et l'on ne trouvera peut-être une bonne solution de ces dernières qu'en résolvant les questions nationales.

On a reproché au principe des nationalités d'être une idée vague, reposant sur des mots indéterminés, et de constituer une théorie révolutionnaire. Rien n'est plus faux, plus dénué de fondement ni

plus injuste que ces objections banales et superfi-
cielles.

Nous espérons qu'après les développements et les
définitions que nous avons donnés, les caractères
précis que nous nous sommes attaché à faire ressortir, on reconnaîtra que, loin d'être vague, cette
théorie est la seule, au contraire, qui repose *sur la
nature des choses.*

S'il reste ici quelques points indéterminés, ce
sont, à coup sûr, les mots de *révolution* et *révolutionnaire,* dont on abuse trop souvent pour flétrir
des idées mal comprises, mal connues, mais qui
n'en sont pas moins fécondes, justes et salutaires,
quand elles restent dans les limites de ce qui est
légitime et honnête. Il ne faut pas perdre de vue,
ainsi que nous l'avons déjà observé, que le christianisme, lorsqu'il parut dans le monde, fut la plus
grande de toutes les révolutions : nous devons donc
en conclure que certaines révolutions sont bonnes.
Si l'on réfléchit mûrement et sans passion, on verra
que tout dans le monde s'opère et progresse par suite
de transformations, changements, métamorphoses,
révolutions..... etc., etc. Il est puéril et pusillanime

d'arrêter le cours des esprits et des idées en présentant certains mots comme des épouvantails : les mots , en effet , ne font rien aux idées , aux théories qu'ils expriment ; tout dépend de la manière de les appliquer et du but auquel ils tendent réellement. Personne plus que nous ne proteste hautement et énergiquement, au nom de la justice , de la morale et de la religion , contre les excès qui ont signalé toutes les révolutions ; nul plus que nous ne les réprouve ; mais encore faut-il restreindre cette protestation et cette réprobation aux faits qui les méritent, et ne pas envelopper aveuglément, dans une même malédiction, le bon et le mauvais. Cela ne serait ni logique ni fondé. On ne peut donc et l'on ne doit pas maudire toute révolution d'une manière *absolue,* comme cela se pratique trop souvent : c'est ainsi que les passions s'exaltent , que les raisonnements se faussent, que les esprits sont aveuglés. Lorsque les peuples s'agitent , c'est un devoir d'examiner avec conscience et impartialité leurs besoins et leurs désirs , de se rendre à leurs demandes justes et légitimes, et de réprimer avec vigueur celles qui ne le sont pas. Aujourd'hui les peuples demandent

la constitution et l'indépendance des nationalités.
Nous ne nions pas que l'adoption de ce principe des
nationalités ne soit un changement considérable à
introduire dans le droit public, et, à ce titre, ne
constitue une révolution, mais c'est dans la véritable et bonne acception de ce mot. Ce changement
est utile, fécond, et d'ailleurs nécessaire si l'on considère l'état des esprits. Il s'agit de diriger ce mouvement, et c'est par la discussion calme et désintéressée, par la persuasion qui résulte de la force
d'une vérité, que nous voudrions le voir triompher
des obstacles. Tenons pour certain que les excès,
dans tous les temps, ont eu pour causes, d'une
part les impatiences sans frein, de l'autre les résistances aveugles ; celles-ci sont aussi coupables
que celles-là.

La compression des idées, en ce qu'elles ont de
juste et de légitime, ne peut produire que des éclats ;
de même qu'une chaudière remplie de vapeur fait
explosion lorsqu'on ne ménage pas une issue proportionnelle à la force expansive produite à l'intérieur.

Il y a malheureusement trop d'intérêts engagés

dans la question des nationalités pour que l'on puisse espérer un triomphe entièrement pacifique; mais cette question est posée, et il ne dépend de personne d'en arrêter la marche : il faut se rendre compte de sa portée et de sa valeur. Un examen consciencieux peut seul amortir le choc inévitable des passions. C'est dans cette pensée que nous appelons de nouveau l'attention sur cette question fondamentale.

Nous croyons avoir fait justice de l'opinion qui prétend stigmatiser comme révolutionnaire la doctrine des nationalités. Si jamais des excès se sont produits dans la pratique, il faut du moins en savoir respecter le fond.

Nous venons de dire que la doctrine des nationalités peut seule diriger l'humanité dans les voies de la paix, de la justice et du progrès; nous allons essayer de montrer que les aspirations des nations vers ces grands biens ne sont ni des chimères ni des utopies, mais qu'elles sont, au contraire, ainsi que nous l'avons fait déjà pressentir, l'idéal que les esprits sérieux doivent se proposer à la fois comme but et comme modèle. C'est par la succession

des efforts faits dans ce sens que se produit le progrès. Ces aspirations remontent au contraire à la
plus haute antiquité, et elles ont été consacrées par
les autorités les plus respectables et les génies les
plus élevés.

Nous lisons d'abord dans la Genèse, ce premier et
vénérable document de l'histoire, la malédiction
de Caïn, qui fut le premier meurtrier [1].

Lorsque Noé et ses fils sortirent de l'arche, Dieu
leur dit : « Allez et multipliez, remplissez la terre ;
» que tous les animaux vous craignent, qu'ils vous
» servent de nourriture..... *Mais je rechercherai le*
» *sang de l'homme sur l'homme qui l'aura répandu;*
» *quiconque aura versé le sang de l'homme sera*
» *mis à mort, car l'homme a été fait à l'image de*
» *Dieu* [2]. »

Ainsi, dès le principe, le meurtre, conséquence
forcée des luttes et des guerres, est puni de malédiction et de mort, sans doute parce qu'il est la
transgression la plus grave de la volonté divine et
de la vocation pacifique de l'humanité, qui se tra-

[1] Gen., ch. IV, 9-12.
[2] *Id.*, ch. IX, 1-6.

duisait, dès ces temps reculés, par cette salutation bienveillante et usuelle : « *Allez en paix* [1]. »

Hésiode dit que « Jupiter a permis que les pois- » sons et les bêtes farouches se dévorassent les uns » les autres, parce que la justice n'existe point entre » eux ; mais qu'il a prescrit aux hommes la loi de » justice, et c'est la chose la plus excellente du » monde [2]. »

Juvénal exprime la même pensée dans une de ses satires [3], et nous pouvons citer un grand nombre d'auteurs de l'antiquité et des temps modernes, du paganisme et du christianisme, qui se sont occupés de ce sujet et ont conclu dans le même sens ; ce sont, par exemple : Cicéron [4], Plutarque [5], Lactance [6], Polybe [7], saint Jean Chrysostôme [8], saint Augustin [9], Bossuet [10].

[1] Gen., ch. XLV, 24.
[2] Hésiode, Op. et dies, X. 276, II. Ed. Cléric.
[3] Sat. XV, v. 142.
[4] *De Offic.*, liv. I, ch. xvi.
[5] *Vie de Caton l'Ancien*, tom. I, p. 339. Ed. Wech.
[6] *Instit. div.*, liv. V, ch. xvii, 30, 31. Ed. Cellar.
[7] Liv. VI, ch. iv.
[8] *Orat.* XIII, *de Statu.*
[9] *De Doct. christ.*, liv. I, ch. xxviii.
[10] *Polit. tirée de l'Écriture Sainte*, liv. I, art. 5.

En outre, la pacification est une des aspirations les plus fondamentales qui résultent de l'enseignement de Jésus-Christ. N'a-t-il pas dit, en effet, à ses apôtres, avec une insistance pressante : « Aimez-» vous les uns les autres [1]; je vous laisse ma paix, » je vous donne ma paix, allez en paix [2]. »

Enfin Jésus-Christ, le divin fondateur de notre croyance, n'a-t-il pas ouvert lui-même une voie indéfinie au progrès et à la perfectibilité humaine, qui comprennent évidemment la pacification du monde, lorsqu'il a dit aux hommes, comme dernière et solennelle recommandation, en terminant son admirable sermon sur la montagne : « Soyez » donc parfaits comme votre Père céleste est par-» fait [3]. »

La perfection, tel est donc le but idéal proposé à l'humanité, celui vers lequel doivent tendre ses efforts et ses désirs, celui qui élève le niveau des esprits et des cœurs, les soutient au milieu des défaillances de notre nature.

Ev. sel. S. Jean, XV, 12-17.
Id. XIV, 27.
S. Math., V, 48.

Ainsi le tireur habile, pour toucher un point éloigné, doit viser plus haut que le but, sous peine de voir son projectile, pesant et inerte, s'abaisser et se perdre avant d'avoir pu l'atteindre.

Telles sont les aspirations qui doivent soutenir l'esprit humain dans l'étude des questions politiques, afin de le prémunir contre sa propre faiblesse et de l'élever à des conceptions plus dignes de sa destinée : nous trouvons un exemple de ces élans nobles et généreux dans l'histoire de Henri IV. Il faut lire, dans les *Économies royales de Sully,* le détail du grand dessein qui inspira la politique du premier des Bourbons[1].

On y voit qu'Henri IV, si brave dans le combat, si sérieux et si perspicace dans les affaires, se reposait des fatigues de la guerre et des difficultés ardues de la politique journalière en élaborant de généreux projets.

Ce prince avait pressenti la venue de temps moins agités par les luttes et les discordes, et il s'était efforcé de formuler un programme politique

[1] *Econ. roy. de Sully*, liv. VIII, p. 165.

susceptible de hâter l'avénement de ces jours meilleurs. Dans toute la conduite de son règne, on découvre comme base une grande et glorieuse idée : la fondation de l'équilibre européen, non de cet équilibre que l'on peut établir entre les forces matérielles, en mettant en échec, d'une manière artificielle, les ambitions et les jalousies; mais le roi de France méditait sur les conditions possibles d'un équilibre sérieux et logique, reposant sur des bases certaines, sur la nature des choses et sur la vocation des peuples. Le principal fondement de son équilibre était l'association fraternelle des nationalités indépendantes. La nouvelle fédération européenne devait être composée d'États limités et séparés par des frontières certaines et naturelles, comme garantie de leur mutuelle indépendance : c'est ainsi, du moins, que nous paraît avoir été interprété le grand projet de Henri IV par des historiens dont les vues et les tendances diffèrent sensiblement [1].

[1] Laurentie, *Hist. de France*, t. IV, ch. xii, p. 554, 2ᵉ éd. (Paris, Lagny frères, 1857), et Henri Martin, *Hist. de France*, 6ᵉ partie, liv. lxiii, t. X, p. 492.

L'abaissement de la maison d'Autriche, et spécialement la suppression de sa domination en Italie, étaient la base, le moyen et le but des projets politiques de Henri IV [1].

Leur accomplissement devait aboutir aussi à l'expulsion des Turcs, qui, depuis près d'un siècle et demi, venaient de s'établir en Europe par la violence et s'y posaient en adversaires irréconciliables des chrétiens. Henri IV espérait qu'une fois ces deux résultats obtenus, un grand pas serait accompli dans la voie de la pacification, européenne.

Qui oserait soutenir, de nos jours, que de telles conceptions n'étaient que des chimères? Les événements postérieurs, et particulièrement les difficultés pendantes dans la politique contemporaine, ne sont-ils pas venus prouver, au contraire, combien ces idées étaient fondées? Il était difficile, d'ailleurs, d'admettre que deux hommes aussi pratiques, aussi rompus aux affaires, que l'étaient Henri IV et Sully, aient pu rêver, comme des poètes, des théories

---

[1] Th. Lavallée, *Hist. de France*, liv. II, ch. II, § 8, t. III, p. 66.

imaginaires, complétement vides de sens ou impra-
ticables.

Les esprits timides et incomplets ne savent pas
s'élever au-dessus de la réalité présente ; mais, grâce
aux élans généreux des intelligences supérieures,
nous pouvons parfois rompre les entraves de notre
médiocrité, prendre plus de confiance et de har-
diesse. On voit alors que ce que l'on considère un
jour comme une utopie devient parfois la réalité du
lendemain, et le progrès se trouve stimulé.

Ainsi les projets politiques de Henri IV conte-
naient en germe tout ce que le progrès des temps
et l'expérience de l'histoire ont transmis et révélé
aux générations contemporaines.

L'idée des nationalités, par exemple, était encore
vague et indéterminée ; mais la répression des envahissements et le système des limites naturelles,
tendant à supprimer la confusion des nations entre
elles, peuvent être considérés comme étant un ache-
minement vers sa consécration.

Quant aux idées de pacification, elles sont évidentes dans le projet de Henri IV : les conflits
entre les États de la fédération chrétienne devaient

être réglés par une diète représentative ou Grand
Conseil européen. Ce point, jugé avec les idées qui
ont encore cours parmi nous, est certainement la
partie qui paraît la plus chimérique des projets dont
il s'agit ; mais qui peut assurer qu'un jour un certain
progrès ne sera pas accompli dans ce sens? Nous le
croyons pour notre part.

Quoi qu'il en soit, les idées d'équilibre et de nationalité ont leurs germes dans les projets politiques
de Henri IV ; ils en forment la partie sérieuse et
féconde, que l'on peut étudier et méditer avec fruit.
Ces conceptions élèvent l'esprit et le cœur.

Henri IV n'était donc pas un utopiste, puisqu'il
avait entrevu ces choses ; c'était un grand esprit,
comme il fut un grand prince : il avait devancé les
idées de son temps et même celles du nôtre ; il avait
eu l'intuition d'une pacification relative de l'humanité dans un avenir plus ou moins éloigné, et, en
attendant, « la guerre était pour lui la dernière
» extrémité, la dernière ancre, ainsi qu'il le disait,
» les négociations devant toujours tenir la première
» place [1]. »

[1] *Lettres missives*, t. V, p. 269.

Sachons donc, loin de les méconnaître, nous
incliner devant ces grandes personnalités, qui ont
su plus ou moins pénétrer l'avenir et enseigner aux
générations incrédules des idées salutaires, bien que
destinées à être longtemps incomprises et inappli-
quées.

Si nous poursuivons notre examen rapide, nous
nous convaincrons de plus en plus que les hommes
les plus sérieux ont cherché, par des moyens divers,
à propager les aspirations pacifiques dans le monde.
Puffendorf, dans son traité sur le *Droit de la nature
et des gens*, reconnaît que la loi de la sociabilité et
de la paix universelle doit être observée entre ceux-là
mêmes qui n'ont ensemble d'autres relations que la
conformité d'une même nature [1].

Grotius combat énergiquement l'opinion de Car-
néade [2], reproduite par Horace, lorsque ce dernier
soutient, dans une de ses satires, que la nature ne
peut pas distinguer le juste de l'injuste : « *Nec
» natura potest justo secernere iniquum* [3] », dit le
poète.

[1] Liv. II, ch. III, § 17.
[2] *Apud* Lactant., *Inst. div.*, liv. V, ch. XVI.
[3] Liv. I, sat. III, v. 113.

Cette opinion ne tendrait à rien moins évidemment qu'à constituer l'humanité en état de guerre
perpétuelle ; Grotius affirme, au contraire, que
l'homme éprouve naturellement en soi le désir
d'une société paisible avec son semblable [1]; or ce
désir ne peut être réalisé que par l'observation réciproque des règles de la justice, puisque, de l'aveu
même du poète [2], *la crainte de l'injustice a inspiré
les lois.* Suivant sa pensée, Grotius ne consent,
dans son ouvrage, à traiter du droit de la guerre
qu'en considérant cette dernière comme un moyen
d'arriver à la paix [3]. Il termine enfin son livre par
une exhortation où il recommande aux peuples de
rechercher la paix, conformément aux principes du
christianisme.

Vattel ne reste pas en arrière des autorités que
nous venons de citer : il proteste énergiquement
contre la doctrine de Hobbes, qui considérait la
guerre comme l'état naturel de l'homme. Il prouve,
au contraire, que l'homme a besoin du commerce

[1] Grot., Disc. prélim. *de Jure pacis et belli,* § VI.
[2] *Loco citato.*
[3] Grot., *de Jure pacis et bel.,* liv. I, ch. 1, § 1.

de ses semblables, de leur assistance, pour vivre d'une manière convenable à sa nature ; et tout cela, dit-il, *ne se trouve que dans la paix* [1].

Un savant auteur contemporain, M. Charles Vergé, qui a récemment publié et annoté le *Précis du droit des gens de l'Europe*, par de Martens, proteste contre l'opinion de ce dernier, lorsqu'il dit, ainsi que de Mestre, Spinosa, Rousseau, Hobbes, Bentham, Machiavel, etc., etc., que la guerre est un état de violences indéterminées parmi les hommes. Cette opinion, selon M. Vergé, n'est ni vraie ni complète. D'après lui, quelque fréquentes qu'aient été les guerres dans les annales historiques, elles ne sont point continuelles, et l'on doit espérer au contraire que *la paix sera un jour l'état régulier et permanent des hommes et des peuples* [2].

Il ajoute enfin que la guerre doit être soumise à des principes admis et respectés par tous les peuples civilisés, et que la guerre *qui a une juste cause* n'en

---

[1] Wattel, *Droit des gens*, liv. IV, ch. I, § 1.

[2] De Martens, *Précis du droit des gens de l'Europe*, annoté par Ch. Vergé, liv. VIII, ch. III, § 263, note.

est pas moins *injuste* en soi, dans ce sens que la *force* peut décider du *droit*.

Le traité de la Sainte Alliance, du 26 septembre 1815, rend lui-même hommage, dans son préambule, aux idées de pacification, de fraternité, de justice et de solidarité entre les peuples; malheureusement ces principes et ces idées étaient invoqués bien plus en théorie qu'en pratique, sous l'influence d'Alexandre de Russie, inspiré lui-même par Mme de Krudner. Dans tous les cas, ils ne devaient pas tarder à être détournés de leur vrai sens et de leurs tendances réelles.

On proclamait en effet la fraternité des peuples au lendemain des traités de 1815, qui avaient consacré les spoliations du passé, réuni, séparé arbitrairement les populations, humilié la France, livré la Belgique à la Hollande, l'Italie aux envahissements de l'Autriche, la Grèce à la Turquie, la Pologne à ses spoliateurs. On avait ainsi froissé tous les sentiments généreux des peuples. Telle est l'aberration des esprits exaltés et aveuglés par la passion. Aussi, avec les traités de 1815 et la Sainte Alliance, on a vu commencer une ère de

5

mécontentement : les peuples lésés, les nationalités violées, se sont révoltés quand ils se sont sentis
assez forts; mais, lorsqu'ils ont été paralysés par la
faiblesse et l'oppression, ils se sont livrés aux
conspirations sourdes, aux pratiques ténébreuses
des sociétés secrètes, qui faussent les jugements,
exaltent les esprits chez les peuples opprimés.
Alors, et pendant de longues années, on n'entend
plus parler, d'une part, que de révoltes, et, de l'autre, pour réprimer cette effervescence des peuples,
que d'interventions armées en Italie et en Espagne,
à la suite des congrès de Troppau, de Laybach et de
Vérone. Tristes expédients, qui avaient pour résultat
d'irriter le mal auquel on voulait porter remède.

La confusion, on peut le dire, était alors à son
comble. Était-ce le moyen d'amener l'épanouisse-
ment des aspirations pacifiques dont nous avons
constaté l'existence? Il n'en est certes pas ainsi,
selon nous. Dieu veuille, dans l'avenir, nous préserver des mêmes aveuglements, des mêmes calamités, qui seront toujours amenés par les mêmes
causes! Combien il y a loin de ce lugubre état de
choses à la pacification relative qui s'établirait vrai-

semblablement si les peuples et les rois, ouvrant les yeux à la vérité, suivaient enfin les voies de la nature et de la Providence, en rentrant dans les limites assignées par elles aux nationalités! C'est alors, mais seulement alors, que les effervescences, les luttes, les discordes, les guerres avec leur sanglant cortége, seraient, sinon bannies, du moins rendues plus difficiles et plus rares.

Dans cette hypothèse, la société, désormais assise sur des bases solides, progresserait rapidement sous le double rapport intellectuel et matériel : le commerce et l'industrie répareraient vite les blessures que la guerre leur aurait faites, et les esprits plus confiants se lanceraient dans toutes les voies ouvertes à leur activité par la religion, les sciences, les lettres et les arts. La religion surtout exercerait sa féconde et salutaire influence sur les âmes, et concourrait puissamment à favoriser le développement de la grande solidarité humaine.

La constitution des nationalités est la force secrète qui se trahit dans l'histoire, conduit les événements, comme l'aimant attire le fer, et dont on découvre la puissance en méditant sur la succession des faits et sur les causes qui les ont amenés.

On voit que les peuples ont été grands quand ils se sont conformés aux sollicitations de cette influence salutaire, et qu'ils sont tombés dans la décadence et la servitude lorsqu'ils l'ont méconnue.

VII

Des Races. — Leurs tendances. — Solidarité humaine.

Races. — En dehors et au-dessus des divisions de l'humanité que nous avons citées et que nous avons essayé de définir, il en existe une autre qu'il importe de signaler : nous voulons parler des races.

Il faut distinguer ici les races au point de vue de l'histoire naturelle de l'homme, et les races au point de vue de l'histoire politique des peuples.

I. Races au point de vue de l'histoire naturelle, ou races anatomiques.

Sous ce rapport, on le sait, l'humanité est divisée en cinq races, dont il serait superflu de rappeler ici les caractères.

Ces races sont désignées par certains naturalistes sous les noms de races blanche, jaune, brune, rouge et noire. D'autres n'en comptent que trois ; ce sont les races caucasique, mongole ou tartare, éthiopique ou nègre.

En présence des caractères si différents qui distinguent les hommes au physique, on est autorisé à penser qu'il en est de même au moral, et que, par conséquent, les goûts, les mœurs, les besoins et les tendances doivent varier chez les individus des différentes races. Nous voyons encore que, sous ce rapport, non-seulement il ne saurait être prudent et sage de confondre violemment, artificiellement et prématurément, ces éléments que la nature ou la Providence ont séparés par des signes si distincts, mais qu'il doit y avoir réciproquement entre les peuples d'une même race certaines affinités, certaines conformités de goûts et de mœurs, qui les sollicitent à s'agglomérer et qui peuvent seules servir de base solide et rationnelle à des alliances fécondes et durables.

Si l'union et la fraternité des races, dans l'unité et la solidarité future du genre humain, constitue

une idée juste et vraie, comme nous croyons pouvoir le prouver, l'accomplissement de cette idée ne
peut être qu'un résultat obtenu progressivement.
Il faut attendre longtemps la maturité des fruits
pour les cueillir ; or, si l'humanité nous semble
prête à l'union des peuples dans la nationalité,
ainsi qu'à un commencement de solidarité des nationalités dans la race, rêver actuellement le rapprochement complet des races pour constituer l'unité
et la solidarité complète du genre humain, serait
entrer dans le domaine de l'utopie : ce dernier point
sera l'œuvre des siècles qui nous suivront. Nous
verrons ailleurs cette opinion appuyée sur celle
d'un grand orateur chrétien.

L'idée de la solidarité de tous les peuples du
monde vient de recevoir une application par l'adoption du Code des signaux maritimes, qui constitue
une sorte de langue universelle.

Notre époque n'a qu'à favoriser le progrès des
esprits dans ce sens, à éviter les écueils et les obstacles qui s'y opposent.

La ligne de conduite qui nous paraît à cet égard
la plus logique et la plus rationnelle consiste à

favoriser l'indépendance des races, à établir entre elles l'égalité, à développer le respect réciproque des droits, des tendances et des aspirations légitimes.

II. *Races au point de vue historique et politique.*

Sous ce rapport, les races se composent généralement d'individus appartenant au même groupe anatomique. Mais, en outre de cette conformité physique, elles ont une même origine historique ; elles ont traversé des vicissitudes communes ; elles y ont puisé le sentiment d'une solidarité nécessaire pour conjurer et repousser certains dangers communs, ou pour se procurer mutuellement la plus grande somme possible de bien-être. Ainsi, par exemple, la race latine est formée des nations française, italienne, espagnole, roumaine, auxquelles il faut ajouter toutes les parties de l'Amérique, des Indes, des colonies diverses qui ont été formées par cette race. Les principales races politiques et historiques de l'Europe sont :

La race latine,

La race allemande,

La race slave,

La race scandinave,

La race anglo-saxonne,

La race grecque,

La race turque.

(Cette dernière race n'est évidemment que campée en Europe).

L'idée de rapprocher les nations d'une même race n'est pas nouvelle ; Virgile l'expose, avec toute la force et la grâce de la poésie, dans les paroles qu'il fait adresser par Enée à Hélénus : « Si jamais je » parviens sur les bords du Tibre et dans les champs » qui l'entourent ; si je vois les remparts promis à » ma nation, que l'Epire et l'Hespérie, unies par une » commune origine et des malheurs communs, ne » forment dans nos cœurs qu'une seule et même » patrie, une nouvelle Troie, et que ce sentiment se » perpétue dans notre postérité[1]. »

Au moyen âge, on attribue au mystérieux per-

---

[1] Eneide, liv. III, V, 500.

sonnage de Merlin une prophétie annonçant la
réunion des Écossais, des Irlandais, des Gallois,
des Cornouaillais et des Armoricains, enfin de tous
les peuples qui parlent les langues celtiques [1].

En 1761, le Pacte de famille conclu par le duc
de Choiseul, et qui fut le chef-d'œuvre des actes
diplomatiques du XVIIIe siècle, n'était pas autre
chose, quoique sous un autre nom, que l'union des
races latines, dont la pensée se manifeste dans la
politique contemporaine de la France.

Le Pacte de famille, après les désastres de la
guerre de Sept Ans, où les alliances avaient été
renversées d'une manière fatale, avait pour but de
réunir en un faisceau les branches de la maison de
Bourbon établies en Espagne, en France, en Italie.
A cette époque, on parlait peu des droits et de la
souveraineté des peuples : tout se faisait au nom
des rois, pour et par les rois. C'est pour cela que le
traité fut appelé le Pacte de famille; mais aujour-

---

[1] . . . . *Pariter Scotos*, *Cumbros et Cornubienses Armo-
ricosque viros sociabunt fœdere firmo.* (Vita Merlini, p. 39.)
Voy. aussi H. Martin, *Hist. de France*, t. III, p. 361.

d'hui le droit des rois s'efface devant la souveraineté des nations, où il puise sa foree, et dont il n'est
en réalité qu'une délégation ou un reflet. Par ce
motif, un traité du genre de celui qui nous occupe
ne pourrait plus avoir la même désignation, à
moins que l'on ne considère comme constituant une
famille les nations appartenant à une même race.

Il est évident que les idées nouvelles à cet égard
offrent à la fois plus de solidité et de stabilité que
les anciennes. Les peuples ne disparaissent pas, tandis
que les dynasties ont été trop souvent emportées
dans des tempêtes politiques soulevées par leurs
propres fautes ou par les passions populaires.

Quoi qu'on en puisse dire, l'idée politique qui
tend à agglomérer les nations par races et à séparer
scrupuleusement les nationalités entre elles n'est
pas une pensée rétrograde, ayant pour but ou pour
effet de produire l'antagonisme et les luttes entre
les hommes : c'est, au contraire, le seul moyen
de les prévenir, de les rendre plus rares, de favoriser, en un mot, la solidarité future du genre
humain.

D'après une loi bien connue, les hommes qui

ont des intérêts communs et des caractères ana-
logues tendent à s'assembler. Les premiers groupes,
ainsi que nous l'avons observé, ont été la famille;
puis on a vu paraître les tribus, les cités, les États
plus ou moins grands, plus ou moins arbitrairement constitués; enfin les *nations,* c'est-à-dire
les agglomérations basées sur la distinction des
langues, des territoires, des consciences.

Parvenues à ce point, les nations pressentent la
solidarité des races; elles comprennent qu'elles aussi
ont une vocation commune, et ainsi, loin de con-
duire aux rivalités et aux luttes, cette voie, qui va
toujours en s'élargissant, mènera certainement les
hommes, par le respect réciproque, la consécration
des droits respectifs, la multiplicité des relations
politiques, littéraires, scientifiques, commerciales
et industrielles, par les alliances et les mariages, à
concevoir une union plus complète, plus intime et
plus grandiose de l'humanité : c'est la nouvelle
Jérusalem apocalyptique de l'ordre politique et social. Cette vision, cette révélation céleste de la
perfectibilité, bien qu'irréalisable d'une manière
absolue, n'en doit pas moins être pour l'historien

et le philosophe l'idéal fondé sur cette parole de
l'Écriture : « Dieu a formé l'homme dans sa sa-
» gesse, afin qu'il dirigeàt l'univers dans la justice
» et dans l'équité[1]. »

VIII

Exemples historiques : Les Grecs, n'ayant pas su constituer
leur nationalité à l'intérieur, ont perdu leur indépendance. —
L'empire d'Alexandre, ayant dépassé les limites de la nationalité
grecque, a été promptement démembré. — La Grèce ne pouvait
être sauvée que par son union à la Macédoine.

Dès la plus haute antiquité, les peuples grecs
avaient eu l'intuition de l'unité morale qui les liait
entre eux. La langue, la religion, l'amour des arts
et du beau, la haine de la servitude, les amphic-
tyonies, les oracles, les jeux sacrés, les associations
pour la défense commune, prouvent chez les Grecs
la communauté et l'unité des sentiments, des goûts,
des mœurs, des tendances; mais, comme contre-
partie de ces idées larges et fécondes, ils avaient

[1] *Sag.*, ch. IX, 2, 3.

une anthipathie invincible pour l'établissement d'une seule domination sur toute la Grèce.

Les cités étaient jalouses les unes des autres, et l'esprit de rivalité qui existait entre elles perdit finalement la patrie commune. A l'époque des guerres médiques, les Grecs avaient compris, en présence d'un danger qui les menaçait tous à la fois, que le salut de leur pays ne pouvait être obtenu qu'en resserrant les liens de la nationalité grecque : c'est pourquoi nous voyons la plupart des peuples du Péloponèse, qui en étaient le noyau, former, devant les invasions de Darius et de Xerxès, une ligue puissante, qui leur valut, avec les triomphes de Marathon, de Salamine, de Platée, de Mycale et d'Hymère, l'indépendance et la prospérité. Les Grecs avaient alors si bien compris que l'existence de la nation dépendait de l'union des peuples qui la constituaient, qu'après avoir vaincu Mardonius ils déclarèrent la guerre à la ville de Thèbes, qui avait trahi la cause de la Grèce et s'était alliée aux envahisseurs. Les instigateurs de cette défection furent pris et mis à mort [1].

[1] Hérod., liv. IX, 86, 87.

L'historien grec Arrien, qui écrivit l'histoire des expéditions d'Alexandre, voyait encore dans la ruine de Thèbes, détruite par le roi de Macédoine, la punition céleste de Thèbes la transfuge, passée aux Mèdes. Après les guerres médiques, la puissance de la Grèce parvint à son apogée : la nationalité était indépendante, respectée, parce qu'elle était unie; or l'union, qui peut exister avec ou sans l'unité politique, est la base sur laquelle reposent la prospérité et la force des nations. Mais, bientôt après le triomphe, la Grèce perdit cet esprit d'union qui avait inspiré l'antique institution des amphic·tyonies, et dont le développement serait devenu le germe certain de sa grandeur.

Déchirée pendant trente ans par la guerre du Péloponèse, la Grèce vit s'établir dans son sein les jalousies et les rivalités qui s'y perpétuèrent, et divisèrent les cités au point de leur faire repousser les liens d'une solidarité salutaire. Ces cités consacrèrent à l'avenir toutes leurs forces physiques et morales à conserver respectivement une indépendance stérile ; des luttes sanglantes et fratricides privèrent la Grèce de ses plus généreux défenseurs.

Entraînée sur cette pente fatale, la Grèce n'aurait
pu sauver son indépendance que si une main puissante l'avait retenue dans cette voie qui conduit à
l'abîme de l'asservissement, et si cette main avait
pu faire cesser tant de désordres en constituant la
grande union des peuples grecs.

Après les déchirements de la guerre du Péloponèse, la nationalité grecque ne pouvait être établie
et consolidée que par l'influence de la Macédoine ;
aucun autre Etat de la Grèce n'avait alors assez de
puissance pour accomplir une semblable mission :
telle fut l'œuvre entreprise par Philippe de Macédoine. Peut-être y avait-il, dans les projets de Philippe, autre chose qu'une ambition vaine et insa-
tiable. Les historiens, suivant la pensée émise par
un illustre auteur, sont trop souvent disposés à
rabaisser les actions des grands hommes : ils sup-
posent facilement qu'elles ont été inspirées par
un intérêt vulgaire ou une ambition mesquine;
les plus incrédules et les plus rigides, parmi ces
critiques, pourront admettre cependant que quelques-
uns de ces hommes de génie aient su parfois élever
leur âme à des hauteurs inusitées, et tout en ser-

vant, si l'on veut, leurs intérêts particuliers, aient eu en vue aussi la gloire et la grandeur de leur pays. Cette hypothèse est d'autant plus vraisemblable lorsque les événements de l'histoire viennent confirmer les révélations de la logique. On savait, au temps de Philippe, que par l'union il avait été donné aux Grecs de triompher des Mèdes et des Perses; il n'était pas impossible de pressentir que la discorde favoriserait l'attaque de nouveaux ennemis s'il s'en présentait : pourquoi ne croirait-on pas dès lors que Philippe de Macédoine ait vaguement compris que la Grèce divisée serait un jour la proie d'une nation étrangère, et qu'il ait conçu la pensée d'éviter cette catastrophe en constituant l'unité nationale des peuples grecs?

Dans des temps bien plus reculés, Homère avait tenté de prémunir les Grecs contre les dangers des discordes : au 19ᵉ chant de l'*Iliade*, après la mort de Patrocle, Thétis apporte à son fils, désolé de la perte de son ami, les armes merveilleuses fabriquées par Vulcain : elle exhorte Achille, en présence du corps inanimé de Patrocle, à faire cesser, dans l'intérêt de la Grèce, sa fameuse querelle avec Agamemnon.

Achille, qui depuis longtemps s'était éloigné des combats, suit les conseils de sa mère et se rend auprès du roi d'Argos. Là, déplorant les effets désastreux de leur division, qui a paralysé les Grecs et rendu leurs efforts inutiles, Achille s'engage à oublier ses griefs et à reprendre les armes. « Mon » courroux, s'écria-t-il, selon le poëte, *profitait à » Hector et aux Troyens : que les Grecs gardent » longtemps le souvenir de notre querelle* [1] ! »

Thucydide avait aussi dépeint sous les plus lugubres couleurs le tableau des rivalités et des discordes de la Grèce [2].

Callisthène, au dire de Plutarque, développa plus tard, dans un festin et en présence d'Alexandre, les effets dissolvants de la division des Grecs [3].

Ainsi, avant comme après Philippe, les esprits les plus élevés avaient compris les dangers qui menaçaient la Grèce sous ce rapport. Dans tous les temps, les hommes de génie ont signalé ces écueils

---

[1] Hom., *Iliade*, ch. XII.
[2] Thuc., *Guerres du Pélopon.*, liv. III, 82, 83, 84.
[3] Plut., *Vie d'Alexandre*, § 53.

6

à tous les peuples. Au moyen âge, nous voyons le Dante les indiquer à ses compatriotes [1].

Jésus-Christ lui-même n'a-t-il pas donné un grand enseignement aux peuples et aux rois lorsqu'il a dit : « Tout royaume divisé contre lui-même sera » détruit [2] » ?

Démosthènes ne sut pas s'élever jusqu'à la haute conception de la nationalité grecque ; il se fit le champion des ambitions déçues d'Athènes ; il traitait Philippe de barbare, et la Macédoine était, selon lui, un pays misérable, d'où la Grèce ne pouvait tirer que de mauvais esclaves. Pour combattre Philippe, il conseillait même d'appeler une invasion du roi de Perse, sacrifiant ainsi à ses passions politiques tous les résultats des guerres médiques !

Tout ce débordement de colères, de jalousies et de haines, dont nous voyons encore de tristes exemples de nos jours, est développé dans la troisième philippique [3] et ne laisse aucun doute sur les passions qui agitaient, avec Démosthènes, les esprits

---

[1] Dante, *Purg.*, chant VI.
[2] S. Luc, ch. 1, 17.
[3] § 14.

les plus distingués des peuples grecs, sous le prétexte
fatal d'un patriotisme étroit et exclusif.

Certes, si l'on se reporte au temps où vivait
Démosthènes, on comprend son erreur et ses em-
portements, on les excuse même, quoiqu'ils aient
perdu en définitive son pays ; mais pour nous, qui
vivons au XIXe siècle de l'ère chrétienne, et qui
connaissons les résultats nécessaires de cette politique
fausse et dangereuse ; pour nous, qui devons ouvrir
les yeux aux leçons de l'histoire, apprendre à reconnaître ces écueils où vont se perdre infailliblement l'indépendance, la prospérité et la liberté des
nations ; pour nous, enfin, qui devons savoir toutes
ces choses, il ne reste qu'à déplorer l'aveuglement
des hommes qui méconnaissent avec tant d'obsti-
nation les avertissements de la Providence et sacri-
fient les destinées de leur patrie à des passions locales
et mesquines.

Après la guerre du Péloponèse, l'union de la
Grèce et de la Macédoine, dans une commune ré-
sistance contre les envahisseurs, était le seul moyen
de préserver la nationalité grecque ; cependant Démosthènes ne cessa de lutter contre Philippe et

d'appeler les secours du roi de Perse; Philippe, au contraire, et nous croyons qu'il était dans une voie plus saine, voulut, après la bataille de Chéronée, légitimer sa domination sur la Grèce, et se fit nommer généralissime des Grecs contre les Perses. Il reprenait ainsi la grande et glorieuse tradition des guerres médiques, c'est-à-dire l'union des peuples contre l'ennemi commun, contre les envahisseurs du passé et de l'avenir.

Après Philippe, Alexandre eut aussi l'intuition de cette grande politique, qui consistait à réunir en un faisceau toutes les branches de la nationalité grecque; nous en trouvons des preuves nombreuses dans son histoire.

Après la bataille du Granique, Alexandre voulut associer tous les Grecs à cette victoire; il envoya les trophées aux Athéniens, et y fit graver une inscription ainsi conçue : « *Alexandre, fils de Phi-* » *lippe, et les Grecs, ont remporté ces dépouilles sur* » *les barbares de l'Asie* [1]. »

Malheureusement pour la Grèce, Alexandre ne

---

[1] Plut., *Vie d'Alex.*, XVI.

consacra pas tous ses efforts à constituer directement sa grande unité nationale dans les limites que la nature paraît lui avoir assignées, et où le bon sens de l'Europe la reconstituera vraisemblablement un jour, après plus de deux mille ans d'agonie, de souffrances et d'oppression. Ces limites paraissent être: au nord, le Danube, la Save, l'Unna et les montagnes situées au nord de la Dalmatie; au sud, la mer Méditerranée; à l'est, l'Archipel, le détroit des Dardanelles, la mer de Marmara, le Bosphore, la mer Noire; à l'ouest, l'Adriatique.

Quoi qu'il en soit, Alexandre crut étouffer les rivalités de la Grèce et les effacer par l'éclat de la gloire, en se constituant le vengeur des maux jadis essuyés par les Grecs de la part des Perses. Il se flattait de pouvoir constituer ainsi la nationalité grecque et de se mettre à sa tête. On est autorisé à admettre ces suppositions quand on lit dans Plutarque certains traits de l'histoire du roi de Macédoine ; par exemple, ces paroles caractéristiques qu'il aurait prononcées dans le palais de Persépolis, en s'adressant à la statue renversée de Xerxès : « Dois-je passer outre et te laisser par terre,

»*pour te punir de la guerre que tu as faite aux*
»*Grecs?* Ou te relèverai-je par estime pour ta
»grandeur d'âme et pour tes autres qualités [1]? »

Nous pouvons citer encore l'accueil qu'il fit au
discours par lequel l'Athénienne Thaïs, dans un
festin, à Persépolis, appelait sur les Perses la colère du roi de Macédoine. A la suite de ce discours,
Alexandre, en signe de la vengeance des Grecs,
mit lui-même le feu au palais de Xerxès [2].

Arrivé sur les bords de l'Hyphase, Alexandre
sentit peut-être la vanité de ses projets, lorsque,
en présence de son armée qui refusait d'aller plus
loin, il s'écria : « C'est pour vous, c'est pour être
»loué de vous, Athéniens, que j'ai bravé tant de
»dangers. » Sa préoccupation constante, on le voit,
était l'effet de ses conquêtes, non sur les Macédoniens, mais sur tous les Grecs en général, et sur
ceux du Péloponèse en particulier. Toutefois, à ce
moment, l'erreur et la faute d'Alexandre étaient sans
remède ; ses conquêtes en Asie étaient plus nomi-

[1] Plut., *Vie d'Alex.*, XXXVII.
[2] *Id.*, XXXVIII.

nales que réelles ; la Grèce ne pouvait prétendre à dominer sur tant de nations étrangères à sa propre nationalité et étrangères les unes aux autres.

Le conquérant mourut jeune, et son empire chimérique se démembra de lui-même. Le rapprochement éphémère des nations, la diffusion de la civilisation grecque, furent les seuls fruits réels que la société humaine ait recueillis à la suite de ces brillantes aventures.

Après la mort du héros macédonien, les rivalités et les divisions devinrent un mal incurable au sein de la nationalité grecque ; elle va s'agiter dans ces convulsions pendant un siècle environ. On voit alors apparaître deux ligues qui auraient pu sauver la Grèce si elles avaient réuni leurs forces contre l'ennemi commun ; mais, loin de suivre cette politique, la ligue *Étolienne*, après avoir épuisé ses forces contre la ligue *Achéenne*, s'acharne contre les successeurs d'Alexandre, et, au lieu de former une confédération salutaire ou même une fusion politique avec les Macédoniens, leurs frères, les Grecs du Péloponèse se jetèrent tantôt dans les bras des Romains, tantôt dans ceux des rois de Syrie.

Ainsi les peuples qui auraient pu rendre la Grèce invincible, en constituant son unité nationale [1], l'ont livrée sans défense aux Romains, ses vrais ennemis, en perpétuant les jalousies et les rivalités à l'intérieur de la nationalité grecque [2].

Dans cette situation critique, Philippe III fit des efforts héroïques pour sauver l'indépendance de son pays, où il trouva toujours les mêmes préventions, les mêmes résistances. Il chercha des alliances contre les Romains chez les barbares du Danube, et tenta d'associer à ses desseins le grand Annibal, qui avait mis Rome si près de sa perte, et qui, trahi par la fortune, s'était retiré d'abord auprès d'Antiochus, ensuite auprès de Prusias, roi de Bythinie.

La ligue *Achéenne* sut mieux que les Etoliens s'élever au-dessus des rivalités intestines. Malgré les fautes et peut-être les crimes de Philippe III, les Achéens comprirent enfin que la Macédoine était le rempart de la Grèce, et que, le jour où Rome le détruirait, la liberté hellénique serait à jamais perdue.

---

[1] Montesq., *Grand. et Déc.*, ch. V.
[2] Polybe, liv. XI, ch. II.

Philopœmen, successeur d'Aratus, à la tête de la ligue ,· consacra sa vie à cette grande politique, qui naguère eût sauvé son pays ; mais il était trop tard. Rome devina le rôle puissant et dangereux pour elle auquel Philopœmen aspirait ; elle donna ordre à Flaminius d'abattre ce grand homme. Il succomba , et la Grèce comprit enfin , après sa mort, toute l'étendue de la perte qu'elle avait faite ; mais ces regrets furent tardifs et impuissants ; les honneurs posthumes que l'on rendit aux cendres du héros n'empêchèrent pas la ruine de sa patrie. L'histoire prouve qu'il avait bien mérité d'être appelé *le dernier des Grecs.*

A partir de ce moment et de la défaite de Philippe à Cynocéphales, en 197, les événements se pressent. Persée continue les efforts de Philippe, mais il est vaincu par Paul-Emile à Pydna (168); il orne le triomphe de son vainqueur. L'asservissement de la Grèce n'était plus qu'une question de temps.

Rome voulait garder quelques ménagements politiques et ne croyait pas le moment venu de consommer la destruction de la nationalité grecque; elle se borna alors à diviser la Macédoine en quatre districts, et à accorder aux différents peuples de la Grèce des libertés illusoires.

Quatre ans après, la Macédoine se révolta contre le joug de l'étranger : c'était l'occasion qu'attendait le Sénat de Rome. En 142, il prononça la réduction de la Macédoine en province romaine.

Ainsi succomba cette nation si calomniée et si méconnue ; mais, en dépit des attaques de Démosthènes, la Macédoine apparaît dans l'histoire comme le puissant champion qui eût sauvé l'indépendance de la nationalité des Grecs, s'ils avaient pu accepter les liens salutaires de l'union nationale. Mais la Grèce, brillante par l'esprit, la civilisation et les arts, emportée par son imagination, ne comprit pas le sens pratique des choses, et ne sut ni en prévoir, ni en écarter les conséquences !

Si l'histoire de la Grèce, dont nous venons de retracer brièvement les vicissitudes, est ancienne, elle est toujours nouvelle par les enseignements, et toutes les nations qui commettront les mêmes fautes rencontreront les mêmes écueils, où se briseront grandeur, prospérité, indépendance. On peut vérifier, étudier et méditer toutes les histoires des temps relativement modernes, et l'on verra que tous les peuples divisés à l'intérieur, et qui n'ont pas su constituer leur nationalité, soit par l'unité politique, soit sous la forme de la confédération, ont été asservis, comme l'Italie au moyen âge et dans les temps modernes. On verra aussi que tous les empires qui ont dépassé les limites de la nationalité ont été promptement démembrés, comme ceux d'Alexandre et de Napoléon Ier. Quand leur existence anormale s'est prolongée, cela a eu lieu par la force, au milieu des convulsions et des luttes du monde civilisé, au grand détriment du progrès et de la liberté. Telle fut la destinée de l'empire romain et des empires de Charlemagne et de Charles-Quint.

IX

La constitution de la nationalité française a été retardée par certaines conséquences du droit féodal et par le système des partages. — La constitution de la nationalité italienne a été entravée par l'intervention et les prépondérances étrangères.

Nous avons essayé jusqu'à présent de définir les nationalités, de démontrer l'intérêt qu'avait le genre humain à favoriser leur constitution et à appuyer sa pacification future sur cette base, qui est la seule solide, parce que seule elle repose sur les lois de la nature et la vocation providentielle des peuples. Nous allons jeter un coup d'œil rapide sur les vicissitudes principales des nations qui nous intéressent plus directement, sur les causes qui ont retardé ou favorisé la constitution de leur nationalité.

Il ne faut jamais perdre de vue que la perfectibilité et le progrès sont les voies tracées par la Providence à l'humanité : l'objectif direct de tous nos efforts doit être la paix, qui favorisera la civilisation, adoucira les mœurs et établira à la longue une fraternité et une solidarité plus ou moins intimes entre les peuples. Il est incontestable que l'on peut remarquer déjà certains progrès accomplis dans ce sens. Les guerres étaient autrefois longues et se succédaient sans interruption, on peut dire qu'elles étaient pour ainsi dire permanentes en fait; tandis que de nos jours elles tendent à se raccourcir, à devenir moins inexorables, du moins dans leurs conséquences.

Quand nous fixons notre attention sur l'histoire de France, nous voyons que la féodalité, fille de la conquête, fut la première forme de la société. La société n'existait pas en réalité avant elle, *au milieu du chaos où toutes choses fermentaient confusément, sans forme, sans consistance et sans loi*[1].

Le régime féodal donna de la fixité aux relations sociales et présenta un ensemble de règles salutaires. On ne peut contester qu'il n'ait jeté un certain éclat et qu'il n'ait eu ses vertus et ses gloires; mais il faut le considérer comme un système

[1] Voy. Guizot, *Cinquième essai sur l'hist. de France : — Du Caractère polit. du régime féodal.*

d'élaboration et de transition lentes. Sous le rapport de la nationalité, le régime féodal a produit des effets divers selon le temps; mais il nous semble qu'il a été le plus souvent un obstacle à sa formation.

A peine le régime féodal est-il fondé, que les peuples et les rois se liguent contre lui : les peuples, pour lutter contre les seigneurs, qui, après les avoir protégés, les oppriment; les rois, pour détruire tant de puissances locales qui s'opposent à l'action d'un pouvoir central et le tiennent en échec malgré les liens souvent illusoires du vasselage. Le morcellement des territoires en souverainetés nombreuses entravait ainsi la constitution d'une nationalité compacte et forte.

Ces luttes occupèrent plusieurs siècles : le pouvoir royal triompha de la féodalité sous Louis XIV, et les idées féodales ne furent complétement abattues qu'en 1789.

Du haut en bas de l'échelle féodale, les devoirs et les droits étaient mal définis et surtout mal observés. L'obéissance dépendait de la force. Beaucoup de vassaux, étant plus puissants ou aussi puissants que leurs suzerains, se dispensaient d'accomplir des devoirs dès lors illusoires. D'un autre côté, le suzerain abusait de sa puissance à l'égard des vassaux faibles. On peut donc dire que ce régime fut la négation du droit et le triomphe de la force.

Il avait un autre inconvénient, qui eut les conséquences les plus désastreuses au point de vue de la nationalité. Le capitulaire de Kiersy-sur-Oise, arraché en 877 à Charles le Chauve par ses vassaux, consacra l'hérédité des fiefs et des offices. A partir de ce moment, la propriété et la souveraineté se trouvèrent confondues entre les mains des seigneurs et sur leurs têtes. Il en résulta que les territoires et les peuples, considérés comme la chose du seigneur, suivaient son sort, de même qu'une propriété matérielle quelconque. Ils se trouvaient ainsi réunis accidentellement, par suite des mariages, des successions, à des peuples entièrement étrangers sous tous les rapports qui caractérisent la nationalité, et, réciproquement, ils étaient séparés de ceux avec lesquels ils se trouvaient unis par le territoire, la langue et la conscience.

Les exemples de ce vice inhérent au droit féodal

sont nombreux dans l'histoire du moyen âge. Nous rappellerons seulement celui qui nous semble le plus frappant entre tous, à cause de l'influence qu'il exerça sur la constitution de la nationalité française : nous voulons parler du divorce de Louis VII avec Éléonore de Guienne, et du mariage subséquent de celle-ci avec Henri Plantagenet, comte d'Anjou et duc de Normandie, qui devint héritier de la couronne d'Angleterre.

Les domaines d'Éléonore, qui se composaient du Poitou et du duché d'Aquitaïne, c'est-à-dire de la moitié environ de la France méridionale, passèrent ainsi en 1152 à l'Angleterre.

Déjà, en 1127, Geoffroi Plantagenet, comte d'Anjou, avait épousé l'impératrice Mathilde, veuve de l'empereur Henri V, fille et héritière de Henri Ier d'Angleterre. L'Anjou, jusque-là le contre-poids de la Normandie, possession anglaise, avait été joint ainsi à cette province, en sorte qu'en 1152, par suite de l'union d'Éléonore et d'Henri Plantagenet, les possessions de l'Angleterre en France se composèrent de presque toute la partie occidentale; elles atteignaient même la haute Loire et le Rhône par

l'Auvergne, le Beaujolais et le Forez, parties inté-
grantes du domaine d'Éléonore.

Alors le domaine royal, ce noyau de notre nationalité, sans frontière entre la Normandie et
l'Anjou à l'ouest, la Champagne et la Bourgogne à
l'est, ne s'étendant pas au nord beaucoup au-
dessus de Soissons, et au midi au-dessous de
Bourges, était resserré entre les Anglais, ses ennemis déclarés, et des vassaux au moins aussi puissants que le roi de France.

Ce fut l'œuvre de la royauté de mettre fin à cette
confusion ; aussi l'on peut dire que l'histoire de la
royauté, en France, est l'histoire de notre nationalité.

Frappée sans doute, par l'exemple que nous venons de citer, des dangers résultant de la transmission des fiefs par les femmes, au point de vue
de la constitution de la nationalité, la royauté française adopta la loi *salique* comme base fondamentale : elle fut appliquée pour la première fois, en
1316, à la mort de Louis X le Hutin, et reçut
depuis lors de nouvelles applications.

Il est facile de suivre, à travers les vicissitudes

7

de l'histoire, la double et grande politique des rois
de France, qui, pour constituer la nationalité, s'ap-
puient sur la liberté du peuple contre les grands
vassaux et sur le patriotisme français contre les
envahissements de l'Angleterre.

Le résultat de cette politique fut, d'une part,
l'émancipation des communes, et, de l'autre, après
des luttes séculaires, cette explosion du sentiment
national dont Jeanne d'Arc fut la personnification
sublime et mystérieuse. Nous voyons dans les faits
accomplis par notre héroïne chrétienne la preuve
d'une double vocation providentielle, pour elle-
même et pour la France; si l'on n'admet pas cette
opinion, si l'on ne voit dans les faits de la vie de
Jeanne d'Arc que le résultat d'une surexcitation ou
d'un enthousiasme naturels, on reconnaîtra que, quel
que soit le point de vue auquel on se place, une
force évidente dans ses effets, quoique mystérieuse
dans sa source, s'est manifestée alors dans le sens
de l'indépendance des nationalités. En délivrant la
France, Jeanne a affirmé le droit des nations à
leur indépendance, et elle a laissé l'espérance à
celles qui gémissent encore sous l'oppression étran-

gère. Donc, si ce n'est par la volonté du Dieu qui les créa, c'est au moins par une loi de la nature que les nationalités ne doivent être ni opprimées ni méconnues.

Il faut qu'une théorie soit bien réelle, bien vraie, pour se trouver ainsi confirmée par deux systèmes aussi opposés que celui qui repose sur la foi dans la Providence et celui qui n'admet que la puissance des lois aveugles de la nature.

Les écueils résultant directement de la féodalité et des invasions étrangères n'ont pas été les seuls qui aient entravé et compromis la constitution des nationalités.

Dès l'origine de la royauté française, un fatal usage s'était établi dans la transmission des États : les souverains, se considérant comme propriétaires des territoires où s'exerçait leur autorité, les ont souvent partagés entre plusieurs successeurs; ainsi Clovis, Clotaire et Dagobert Ier divisèrent d'une manière entièrement arbitraire leur royaume entre leurs fils, et chacun sait les luttes sanglantes qui ont été la conséquence forcée de cette politique.

Plus tard, Louis le Débonnaire imita ces déplorables exemples : il divisa à plusieurs reprises ses Etats entre ses fils, en 817, 829, 837, 839. Personne n'ignore combien ce faible empereur eut à se repentir de ces actes impolitiques ; mais, en outre, la constitution de la nationalité française a été retardée de plusieurs siècles.

Après la mort de Louis le Débonnaire, ses fils vidèrent leurs querelles en 841, dans les champs de Fontanet. Par le traité de Verdun, ils partagèrent définitivement entre eux l'empire de Charlemagne.

Cette bataille et ce traité sont fondamentaux dans notre histoire. C'est le point de départ de la nationalité française : elle se trouve désormais séparée de la Germanie et de l'Italie ; la langue française paraît pour la première fois dans les actes diplomatiques. « A partir de ce moment, il n'y a plus de » Romains ni de barbares ; il y a des Français, des » Allemands et des Italiens [1]. »

Le traité de Verdun créa ainsi un ordre politique et social qui exista jusqu'au traité de Westphalie :

[1] Théoph. Lavallée, *Hist. de France*, liv. II, ch. III, § 8.

c'est donc un grand acte dans l'histoire. Malheu
reusement ce traité de Verdun, qui constitue l'origine des nationalités au point de vue du droit international, réduisit la France d'un tiers et lui
enleva ses limites naturelles, celles de la Gaule
ancienne, c'est-à-dire le Rhin et les Alpes. La
France, depuis ce moment et pendant plus de mille
ans, fera des efforts persistants pour réparer cette
atteinte portée à sa nationalité. Lothaire avait déjà
l'Italie ; on y ajouta tous les pays compris entre la
Meuse et le Rhin, entre la Saône, le Rhône et les
Alpes. Cette bande longue et étroite, qui compre-
nait quatre peuples parlant quatre langues différentes, était resserrée entre la France et l'Allemagne : elle est désignée dans l'histoire sous le nom
de Lotharingie, ou part de Lothaire. Cette division
territoriale n'avait aucune raison d'être d'après la
nature des choses [1] : elle n'avait été constituée que
comme une sorte d'appoint pour rendre la part de
Lothaire moins inégale, eu égard à celle de ses

---

[1] *V.*Aug. Thierry, *Lettres sur l'Hist. de France,* lettre II.
2ᵉ éd., Furne.

frères. On ignorait alors que la puissance et la
prospérité des Etats tiennent moins à la surface des
territoires, au nombre des habitants soumis au
même pouvoir, qu'à la communauté des mœurs, des
tendances, du concours des consciences nationales
et à l'unité naturelle du territoire. On ne savait pas
que, dans ces dernières conditions, toutes les forces
vives de la nation sont mises en jeu par un concours
spontané, naturel ou providentiel; tandis que, dans
les agglomérations arbitraires comme la Lotharingie,
quelque grandes que soient les surfaces et nombreuses les populations, l'essor est entravé par les
luttes et les résistances des intérêts divers, l'élan
des intelligences et des cœurs se trouve comprimé
et paralysé, ou plutôt il n'existe pas en faveur d'un
semblable ordre de choses.

Par tous ces motifs, la Lotharingie ne pouvait
rester à l'Italie, et, comme elle n'était pas susceptible d'être nationalisée en dehors de la France, sa
possession ne tarda pas à devenir une cause de luttes
et de discorde. Elle aurait été, dès le principe, une
proie facile pour les puissances qui pouvaient sérieu·
sement y prétendre, c'est-à-dire l'Allemagne et

l'Italie. Les habitants de la Lotharingie ne se sou-
ciaient nullement de l'Empereur et n'avaient aucun
intérêt commun avec l'Italie [1].

La France, depuis le traité de Verdun, a travaillé
sans relâche à atteindre cette limite du Rhin et des
Alpes dont elle avait été privée, et qui semble
être la ligne de démarcation tracée par la nature
et par la Providence entre les nationalités allemande et italienne d'une part, et la nationalité fran
çaise de l'autre. Telle fut notamment la politique
de François Ier, de Henri II, de Richelieu, de
Louis XIV et de la République. Nous rappelons ici,
en résumé, la suite des événements qui ont marqué
cette politique et amené l'unité de notre territoire.

En 1349, Humbert II, de la maison de la Tour
du Pin, cède le Dauphiné à Jean, fils de Philippe
de Valois, à condition que le fils ainé du roi de
France prendra toujours le nom de Dauphin.

En 1481, à la mort de Charles d'Anjou, Louis XI
soutient ses droits sur la Provence, qui est défini-

[1] Henri Martin, *Hist. de France,* t. II, p. 457.

tivement réunie à la France par Charles VII, en
1487.

En 1552, la France enlève à l'Empire Metz, Toul
et Verdun.

En 1648, par la paix de Westphalie, elle acquiert
le Sundgau, Brisach et la suzeraineté des dix villes
impériales de l'Alsace, qu'elle conquit en 1672.
Strasbourg fut pris en 1681. La Franche-Comté,
conquise deux fois pas Louis XIV, fut définitivement
cédée à la France par le traité de Nimègue, en 1678.
La Lorraine fut acquise en 1755, à la suite de la
guerre de la succession de Pologne et en vertu du
traité de Vienne. Le cercle de Bourgogne fut conquis
en 1797. Enfin, en 1860, la Savoie et le comté de
Nice ont été cédés par l'Italie.

Ainsi, après mille ans de luttes, le vice initial du
traité de Verdun, qui créa la nationalité française,
est réparé. Nous le considérons, en effet, comme
effacé, car la Belgique et les provinces rhénanes
sont les seules parties du lot destiné à la France
qui ne soient pas en son pouvoir; mais, tant que la
Belgique se gouvernera par elle-même et avec indépendance, la France, assez puissante désormais,

n'a pas de raison sérieuse pour absorber violemment cette fraction évidente de sa nationalité future. Il est plus prudent, plus sage à cet égard, de laisser agir le temps, la force providentielle et naturelle des événements et des choses. La seule cause qui pourrait exiger impérieusement que la France s'annexât la Belgique serait une intervention ou occupation étrangère sous prétexte de protectorat. Jusque-là, selon nous, et à moins que les nationalités ne conquièrent toutes leurs limites naturelles, la politique de la France à l'égard de la Belgique nous semble devoir consister en une protection bienveillante et en une fraternité sincère.

En ce qui concerne les provinces rhénanes, divisées actuellement entre la Prusse, la Bavière et les princes de Saxe-Cobourg, de Holstein-Oldenbourg, Hesse-Hombourg et Hesse-Darmstadt, il est à supposer, pour le spectateur des événements, que ces territoires deviendront, par la force des choses et sous l'impulsion d'une politique sage, la compensation nécessaire à la France pour compléter sa nationalité, en présence des remaniements futurs et imminents des territoires en Allemagne.

Ainsi s'accompliront pacifiquement peut-être, au moins pour la France, ses grandes et continuelles aspirations depuis Clovis. Elle renfermera dans son territoire le champ de bataille de Tolbiac et le tombeau de Charlemagne..... « Telle est, dit un histo-» rien, la nécessité fondamentale des temps nou-» veaux ; les frontières naturelles de la France seront » un gage de paix pour le monde [1]. »

En 1828, M. de Châteaubriand, dans un mémoire adressé à M. de la Ferronays sur les affaires d'Orient, faisait ressortir l'inutilité de l'alliance autrichienne pour la France ; il allait même jusqu'à dire qu'elle était une alliance de « dupe » . Il ajou-« tait : *Jamais l'Autriche n'accordera à la France la* » *limite du Rhin ; or c'est pourtant là que la France* » *doit placer ses frontières, tant pour son honneur que* » *pour sa sûreté.* » A partir du jour où la France se trouverait ainsi complétée, elle n'aurait plus rien à désirer, du moins d'une manière impérieuse ; elle pourrait se livrer en paix à sa grande mission civilisatrice. *Les gestes de Dieu par les Francs* ne se

[1] Théoph. Lavallée, *Front. de la France*, p. 313.

traduiraient plus par les éclats de la guerre, mais surtout par les conquêtes intellectuelles et fécondes de la paix relative que l'on peut espérer parmi les hommes.

Moins heureuse que la France, l'Italie voit encore sa nationalité méconnue et menacée.

Après la démoralisation de la décadence romaine, l'Italie fut en proie aux invasions; mais elle n'a pas eu, comme la France, un Clovis et un peuple franc pour la régénérer.

Théodoric et les Goths auraient pu jouer ce grand rôle; malheureusement la gloire qui signala le commencement du règne de Théodoric ne se soutint pas : il remplaça des conseillers vertueux et habiles, tels que Cassiodore, Boëce, Symmaque, par des adulateurs, et, après s'être montré tolérant pour la religion catholique, il se livra à toutes les passions cruelles qui signalèrent l'arianisme.

Cette croyance, qu'il professa jusqu'à la fin de sa vie, l'empêcha vraisemblablement de devenir le Clovis de l'Italie. Il aurait probablement accompli ce rôle glorieux s'il eût embrassé le catholicisme comme le roi des Francs.

Il aurait eu sur Clovis l'avantage de trouver en
Italie une civilisation plus polie, plus brillante, plus
avancée, que celle de la Gaule à cette époque. Mais
la religion domine la conscience humaine, et elle
crée parfois des lignes de démarcation infranchis-
sables; c'est ce qui arriva entre les Italiens et les
Goths [1] : Théodoric resta arien, et l'Italie fut privée
de ce grand mouvement régénérateur qui suivit en
Gaule la conversion de Clovis et de son peuple [2].

Pendant ces siècles lugubres, la Papauté s'élève
et attire le respect des peuples. Depuis la transla-
tion du siége de l'empire en Orient par Constantin,
elle fixe seule l'attention et la reconnaissance des
Romains. Les faibles empereurs d'Occident s'effa-
cèrent devant elle, et, lorsque Attila menaça l'Italie,
ce fut le pape saint Léon qui écarta le fléau de l'invasion par son prestige et son courage.

Pendant que l'Italie se courbait sous le joug des
Hérules, des Goths et des Lombards, c'est-à-dire

---

[1] Voy. César Balbo, *Hist. d'Italie,* t. I, liv. IV, § 8.
[2] Voy. Cantu, *Hist. de cent ans,* t. IV; *Espérances de
l'Italie.*

pendant près de trois siècles, les Papes furent souvent seuls capables de maintenir un peu d'ordre, de sécurité, de justice, en Italie ; aussi la reconnaissance publique pour leurs bienfaits concentra des biens immenses entre leurs mains.

Si la donation de Rome faite aux Papes par Constantin est supposée, il n'en est pas moins certain que ce prince fit de grandes largesses aux évêques, et au pape saint Sylvestre en particulier.

En 521, il autorisa les legs pieux des fidèles aux églises. Sous les empereurs païens mêmes, il paraît que les Papes possédèrent de grandes richesses [1]. Léon et Anthymius défendirent l'aliénation des biens de l'Église [2], qui s'accumulèrent ainsi par la vénération et la piété des chrétiens.

« Les Pères de l'Église furent obligés de refuser » et de désapprouver les aumônes excessives et in- » discrètes qui auraient tourné au détriment des » familles [3]. »

---

[1] Fleury, 1er *Discours sur l'hist. univ.*

[2] *Cod.* liv. I, t. II, xiv.

[3] Drioux, *Hist. de l'Église,* t. III, 1re ép., ch. i, p. 193, et le Père Thomassin, *Ancienne et nouvelle Discipline,* t. III, liv. I, ch. xvii, et ch. xx, n° 7.

Or nous savons qu'à cette époque la propriété
de la terre donnait dans tous les pays une véritable
souveraineté. C'est ainsi que, avant même d'avoir
été sanctionné par aucun acte international, na-
quit spontanément le pouvoir temporel des Papes.
Napoléon Ier, parlant de la souveraineté pontificale
et de son siége à Rome, disait : « *Ce sont les siècles*
» *qui ont fait cela, et ils ont bien fait* [1]. »

Nulle souveraineté n'a donc une origine plus pure
ni plus respectable que celle des Papes.

L'Italie centrale fut délivrée de l'oppression des
Lombards par Pépin et Charlemagne; c'est alors
que se trouve confirmé à deux reprises et définitivement constitué le pouvoir temporel de la Papauté
(752); mais le démembrement de l'empire de
Charlemagne fut le signal de nouvelles luttes en
Italie.

Vers la fin du IXe siècle, les Etats du Pape com-
prenaient, au centre de l'Italie, les environs de
Rome, l'exarchat de Ravenne et l'ancienne Penta-
pole; les Grecs, au Midi, étaient impuissants à

---

[1] Thiers, *Consul. et Emp.*, t. III, liv. XII, p. 220.

protéger leurs possessions, de plus en plus res-
serrées par les Sarrasins Aglabites, qui s'étaient
emparés de la Sicile et de plusieurs villes italiennes.

Le royaume d'Italie seul conservait quelque force
au milieu de ces morcellements. Il fut partagé,
après la diète de Tribur, entre Guy de Spolète et
Bérenger de Frioul, déchiré par d'interminables
divisions, et les Papes tombèrent sous la domination des marquis de Toscane : ce fut une époque
de calamités terribles pour l'Italie et pour la Papauté.

Pour se soustraire à cette domination, le pape
Jean XII, en 964, eut la fatale pensée d'appeler à
son secours l'empereur d'Allemagne Othon le Grand,
pour l'opposer à Bérenger II et à son fils Adalbert,
dont la faction dominait dans la haute Italie. Ce fut
le commencement de l'invasion et de la prépondé-
rance allemandes en Italie, invasion que cette dernière, depuis neuf siècles, n'a pas encore complète-
ment repoussée.

Othon, en franchissant les Alpes, obéissait à son
ambition plutôt qu'à un désir sincère d'affranchir le

Saint-Siége. Il voulut substituer la domination allemande à la domination toscane, et Jean XII s'a-
perçut bien vite qu'au lieu d'un protecteur il s'était
donné un maître plus dangereux encore que les
precédents, parce qu'il arrivait enflammé par l'ambition d'une nation étrangère peu portée à user de
ménagements dans une terre qu'elle considérait
comme conquise.

« Aucune nation, dit de Maistre, ne sait com-
» mander à une autre [1]. » L'appel adressé à Othon
fut donc une faute.

Le corps germanique, à partir du couronnement
d'Othon, et par une confusion propre à ces temps,
fut désigné sous le nom de Saint-Empire romain,
tandis que réellement, dit Voltaire, il n'était ni
saint, ni *empire,* ni *romain* [2].

Depuis ce moment, Jean XII et ses successeurs
suivirent avec persistance une politique qui avait
pour but de soustraire l'Italie à la puissance allemande [3]. Ils rendirent ainsi un éclatant hommage

---

[1] De Maistre, *du Pape,* liv. II, ch. VII.
[2] Voltaire, *Essai sur l'Histoire générale,* ch. LXVI, p. 267.
[3] De Maistre, *du Pape,* liv. II, ch. VII, art. 3.

à la nationalité italienne, et en elle à toutes les autres.

« *La guerre improprement appelée guerre du Sa-*
» *cerdoce et de l'Empire ne fut en réalité,* dit de
» Maistre, *qu'une guerre entre l'Allemagne et l'Italie,*
» *entre l'usurpation et la liberté, entre le maître qui*
» *apporte des chaînes et l'esclave qui les repousse ;*
» *guerre dans laquelle les Papes firent leur devoir de*
» *princes italiens et de politiques sages en prenant parti*
» *pour l'Italie, puisqu'ils ne pouvaient ni favoriser les*
» *empereurs sans se déshonorer, ni essayer même la*
» *neutralité sans se perdre* [1]. »

Tel fut le grand rôle joué en Italie par les
Grégoire VII, les Alexandre III, les Innocent IV
et les Jules II. Au milieu des épreuves qui acca-
blent de nos jours le pouvoir temporel des Papes,
si respectable dans ses origines et dans son but,
qui est la garantie de la liberté des consciences dans
le monde, les Italiens ne pourraient, sans ingrati-
tude et sans injustice, à la suite de malentendus

---

[1] De Maistre, *du Pape*, liv. II, ch. VII, art. 3.

passagers, oublier que pendant des siècles les Papes
ont lutté pour l'indépendance de leur nationalité.

La guerre des investitures fut terminée par le
concordat de Worms en 1122 ; en 1125 commença
la fameuse lutte des Guelfes et des Gibelins, par
l'élection à l'empire de Lothaire II. L'Italie se trouva
mêlée à cette rivalité fameuse parce que Lothaire
possédait la Toscane et une partie de la Lombardie,
riche héritage de la comtesse Mathilde. Nous n'avons
pas à suivre ici les péripéties de ces luttes ; mais,
comme les deux partis avaient des soutiens ardents
en Italie, nous devons signaler une erreur qui peut
exister sur leurs tendances respectives. En effet, on
se tromperait gravement si l'on pensait que l'un de
ces deux partis voulût sacrifier ou subordonner
l'Italie à l'Allemagne : les Guelfes et les Gibelins,
dans la Péninsule, voulaient également le triomphe
et l'indépendance de la nationalité italienne ; seulement, comme cela arrive trop souvent, s'entendant
sur le but, ils différaient sur les moyens et luttaient
entre eux avec acharnement. Les Italiens étaient très-
enclins à ces divisions. L'antiquité avait légué à
l'Italie le génie des rivalités locales, qui était l'âme

de la cité antique, et « *entraîna l'Italie divisée jus-*
» *qu'à la servitude* [1]. »

Pour échapper à l'oppression, les Guelfes voulaient affranchir les communes de tout lien.

Les Gibelins, au contraire, craignant que cette
liberté sans soumission à un pouvoir central ne favo-
risât les discordes et que les Italiens n'usassent ainsi
leurs forces dans des luttes intestines, voulaient un
lien puissant pour rendre l'Italie paisible à l'intérieur
et respectée au dehors. Ces deux partis étaient également animés d'idées généreuses. Le Dante, banni
de Florence, qui était une ville guelfe, embrassa
par passion le parti gibelin ; mais, dans son livre *de
la Monarchie,* s'il désire que l'Italie soit gouvernée
par un empereur, c'est par un empereur national et
résidant en Italie [2]. La passion n'avait pas aveuglé le
poëte jusqu'au point de lui faire désirer de voir sa
patrie livrée à l'étranger.

De même Machiavel, malgré ses idées gibelines,

---

[1] Prévost-Paradol, *Essai sur l'Hist. univ.*, t. II, liv. XII,
p. 146.

[2] *V.* dans le même sens le Dante, *Purgat.*, ch. VI
p. 325.

termine son exécrable livre du *Prince* par une exhortation vive, éloquente et pour ainsi dire prophé-
tique, dans le sens de la délivrance de l'Italie du
joug étranger[1].

C'est en effet un triste spectacle de voir s'établir
en Italie, à partir du XVᵉ siècle, les prépondérances
française et espagnole, succédant à celles de l'Allemagne.

En 1814, reprenant les anciennes traditions du
moyen âge, l'Autriche inaugure une nouvelle ère
d'invasions et d'interventions.

Quand on lit les historiens italiens depuis plusieurs
siècles, on y trouve une tristesse et une ardeur
unanimes, provoquées par le désolant aspect de la
domination étrangère. Plus ils se rapprochent des
temps actuels, plus cette note de l'esprit italien vibre
avec force. Le comte César Balbo écrivait, il y a plus
de quinze ans, dans son histoire, ces lignes pleines
de tristesse : « ...... Nous avons surtout en vue le
» bonheur de tous les pays italiens; tenant pour
» impossible leur entière réunion, nous considérons

[1] Cantu, *Hist. univ.*, t. XI, p. 34.

» comme le bien suprême l'atténuation du morcelle-
» ment par le développement *le plus large possible*
» *des agglomérations.* Si cette œuvre de réunion des
» États n'eût pas été *troublée par les invasions, ar-*
» *rêtée par les prépondérances étrangères,* Dieu sait
» quelles magnifiques destinées eussent commencé
» alors pour l'Italie! Hélas! Dieu ne l'a pas voulu,
» nos ancêtres ne l'avaient pas mérité ; ils n'avaient
» pas accompli les grands devoirs, exercé les grandes
» vertus nationales. Ils avaient vécu chacun pour soi,
» avec cet égoïsme qui est à la fois une erreur et un
» vice. Aussi l'époque heureuse de la formation des
» États italiens fut en même temps l'époque funeste
» des invasions étrangères [1]. »

» Ceux qui jouissent depuis des siècles de ce bien
» suprême de l'indépendance ne connaissent pas par
» expérience les suprêmes douleurs de la servitude,
» ne peuvent en concevoir l'idée : ils ne savent pas
» ce que sont ces différences de races, de langues,
» de mœurs, de sentiments, d'intérêts .... Ils igno-
» rent l'oisiveté funeste, les vices nécessaires, l'avi-

[1] Comte C. Balbo, *Histoire d'Italie,* t. II, liv. vii.

» lissement inévitable qu'entraîne la servitude ; mais
» les Italiens ont ressenti ces douleurs [1]. »

« ...... Le pressoir, dit un autre historien, unit
» les matières séparées ; c'est ainsi que , sous l'op-
» pression étrangère, l'Italie s'est sentie une [2]. »

Fatigués des divisions, et leur attribuant tous
les malheurs de l'Italie, les esprits extrêmes, et
même, on le voit, des esprits modérés, n'ont vu de
remède à ces maux que dans l'unité politique. Ils
ont cru qu'elle seule pouvait favoriser la constitution
définitive et intégrale de la nationalité italienne.
L'Italie aurait sans doute évité tous les écueils de
l'unitarisme si les divers États qui la composaient
naguère, et qui ont fait naufrage dans la tempête,
étaient entrés franchement et énergiquement, comme
les Papes du moyen âge, dans la voie qui conduit
à l'indépendance de la nationalité. Mais, ainsi que
le dit Cantu, le démon de la défiance et de la
jalousie avait soufflé sur l'Italie !

Quoi qu'il en soit, nous désirons ardemment, dans

---

[1] Comte C. Balbo, *Histoire d'Italie,* t. II, 1er app., p. 222.
[2] Cantu, *Histoire de cent ans,* t. IV. *Espérances de l'Italie.*

l'intérêt de la paix européenne, de voir la cause italienne sortir triomphante de la crise actuelle.

L'Italie se sent menacée encore par l'Autriche, maîtresse de la Vénétie; l'Italie est encore dans la même situation où se trouvait la France envahie jadis par l'Angleterre; or deux nations ne peuvent vivre en paix, conformément à la vocation de l'humanité, que lorsqu'elles sont entièrement indépendantes l'une de l'autre.

Une alliance est devenue possible entre la France et l'Angleterre, depuis que cette dernière a abandonné le sol français; et cependant qui aurait admis la vraisemblance de ce fait au XIVᵉ et au XVᵉ siècle? Il en sera probablement de même entre l'Italie et l'Autriche, après une lutte de dix siècles, lorsque cette dernière quittera le sol italien.

En dehors des caractères résultant du territoire et du langage, il est impossible, en étudiant l'histoire, de ne pas admettre que Venise et la Vénétie ne soient pas essentiellement italiennes. Venise dut son origine aux familles de l'Italie qui, fuyant devant les invasions des Goths et des Huns, allèrent mettre leur civilisation à l'abri sur des îles désertes.

Venise fut proclamée par Alexandre III la reine
de la mer Adriatique, en reconnaissance des ser-
vices rendus à la ligue lombarde et à l'indépendance italienne contre Frédéric Ier Barberousse
(1177). Elle lutta longtemps contre les envahissements des Turcs, contre toutes les dominations
étrangères en Italie. Sa puissance suscita contre elle
des jalousies intestines dans la Péninsule et la ligue
de Cambrai (1509). Venise, enfin, entra dans la
sainte ligue italienne, avec Jules II (1511); dans la
ligue de Cognac contre Charles V, en 1526; et,
après une indépendance de plus de treize siècles, elle
s'est vue livrée, il y a soixante-huit ans seulement, en punition d'un crime aujourd'hui cruelle-
ment expié, au joug détesté d'une race étrangère,
sous la domination de laquelle elle gémit encore.
L'Italie, rendue à elle-même, devait donc être entraînée à faire, à son tour, des efforts généreux pour
délivrer Venise, qui, si l'on excepte des égarements
trop fréquents dans l'histoire d'Italie, s'est posée,
néanmoins, depuis des siècles, comme une partie
intégrante et comme un champion de la nationalité
italienne dans ses plus grands périls.

Les Italiens, maîtres enfin de leurs destinées, verront se calmer des ardeurs exagérées; ils se montreront plus justes et plus modérés; une confiance réciproque se rétablira entre eux et le Souverain Pontife; Rome, enfin, partie intégrante, quoique distincte, de la grande nationalité italienne, conservera fidèlement le siége de la Papauté dans la complète indépendance de son pouvoir temporel. Tels sont les vœux ardents que nous formons pour le bonheur de l'Europe et celui de l'Italie en particulier : ils paraîtront chimériques et invraisemblables à quelques-uns; mais, lorsque les passions seront apaisées par la satisfaction de la conscience nationale, les rapports des partis, aujourd'hui opposés, changeront de caractère.

Quoi qu'il advienne de ces déplorables conflits, il semble résulter du résumé succinct que nous venons de tracer au sujet de la formation des nationalités française et italienne, que la violation d'une nationalité quelconque, par l'introduction d'un élément étranger, devient forcément la cause de luttes séculaires et ébranle tout l'ordre social dans le sein de ces nations.

Dans ces conditions, la conquête est éphémère, l'assimilation impossible; en définitive, la nation envahissante est, tôt ou tard, obligée de rentrer dans ses limites. Plus tôt elle le fait, plus elle agit sagement; c'est ainsi que l'Angleterre a renoncé définitivement aux droits qu'elle a prétendu avoir sur une partie quelconque du territoire français, et que la France a depuis longtemps, avec raison, abandonné ceux que Charles VIII, Louis XII et François Ier avaient eu la fâcheuse pensée de faire valoir en Italie.

Une influence étrangère, même désintéressée et bienveillante, exercée au sein d'une nationalité quelconque, est dangereuse; elle blesse toujours plus ou moins les consciences, elle envenime les passions, compromet moralement la cause qu'elle a pour but de soutenir momentanément et matériellement; elle est donc fâcheuse, puisque, loin de résoudre les difficultés, elle ne fait que les accroître et aboutit à un résultat opposé à celui qu'elle se propose.

Les interventions opérées à la suite des congrès de Troppau, de Laybach et de Vérone, ont été loin

d'arrêter l'effervescence libérale des esprits; on a
pu s'en convaincre par l'explosion qui a eu lieu en
1848. La raison en est, selon nous, que les consciences nationales avaient été froissées.

Il n'y a en réalité qu'un seul cas où une intervention étrangère puisse produire de bons effets :
c'est quand une nation vient au secours d'une autre
pour l'aider à repousser l'oppression ou l'agression
d'une troisième. Il se produit ainsi une éclatante et
solennelle affirmation du droit que les nationalités
ont à leur indépendance, et de l'intérêt solidaire
qu'elles ont à faire respecter réciproquement ce
droit.

En effet, l'atteinte portée à l'une d'elles est un
fait contraire à la nature et à la Providence; elle
constitue une menace pour toutes les autres nationalités : c'est pour ces motifs que le partage de la
Pologne a si profondément agité l'Europe et l'agi-
tera longtemps encore, au moins moralement.

Nous avons parlé dans cette étude des nationalités juive, grecque, française et italienne; nous
avons essayé de faire ressortir à grands traits la
puissance et la force mystérieuse qui les a solli-

citées, et nous croyons avoir constaté qu'elles ont
été grandes lorsqu'elles ont suivi cette impulsion ;
qu'elles sont, au contraire, tombées en décadence
lorsqu'elles l'ont dépassée ou méconnue. Tel est
l'enseignement fondamental que nous trouvons dans
l'histoire. Nous n'étudierons pas successivement les
vicissitudes des autres nations, mais nous pouvons
assurer que cet enseignement se trouverait confirmé
d'une manière complète et irréfutable dans leurs
histoires respectives.

X

Le système d'équilibre pur a été fatal aux nationalités et à la pacification

Au XVIIe siècle, l'Europe n'était pas prête,
comme à notre époque, à concevoir et surtout à
appliquer le principe des nationalités : les éléments
étaient encore trop confus. Aussi, à l'issue d'une
guerre sanglante qui avait duré trente ans, fallut-il
trouver une base quelconque pour rétablir enfin
une paix devenue nécessaire. A défaut d'un fonde-

ment solide, reposant sur la nature des choses et sur la vocation providentielle des nations, on dut se contenter d'un expédient. Tel fut le système de l'équilibre européen.

L'équilibre européen est, en effet, un édifice artificiel, dont on peut changer de plusieurs manières le centre de gravité, en consacrant les iniquités les plus révoltantes : tout se réduit à une question de compensation et de contre-poids. Une nation projette-t-elle la conquête, l'envahissement d'une nationalité; elle n'a qu'à trouver des complices, à donner une part du butin, et le forfait peut s'accomplir. Le système *copartageant* ne tarda pas à se greffer sur le système d'équilibre. Il est, dit M. Vergé[1], destructif de la sûreté des États, continuellement exposés à être sacrifiés à des complaisances mutuelles. Il a fait le malheur de l'Europe.

Necker écrivait à ce sujet que, « la morale une » fois soustraite des rapports politiques entre les » nations, rien ne tient, tout ballotte dans la grande

---

[1] *Note sur le Précis du droit des gens,* de De Martens, t. I, liv. IV, ch. i, § 124, note *d*, p. 335.

» fédération sociale , et il faut sans cesse y porter la
» main [1]. »

La Pologne , par exemple , après avoir sauvé
l'Europe des invasions musulmanes , est rayée du
nombre des nations en 1775, et l'équilibre existe
toujours. Il ne proteste même pas contre cette
injustice, qu'il consacre et protége. A partir de ce
jour, ainsi que le disait Necker, toutes les idées de
justice et de morale furent à jamais confondues. La
Révolution, dans le mauvais sens de ce mot , se
développe dès lors , et avec elle un déchaînement
de passions sourdes et mauvaises, dont la responsa·
bilité retombe, non sur les opprimés, mais sur les
contempteurs des lois divines ou naturelles , sur les
envahisseurs et les copartageants d'une nationalité
dont le droit est indéniable , inviolable et impres-
criptible.

C'est enfin au nom de l'équilibre européen que
l'on a pu réunir sous un même sceptre les populations les plus éloignées, les plus incompatibles
entre elles.

---

[1] *Manuscrits de Necker,* par sa fille, p. 151.

Ainsi, par les traités d'Utrecht et de Rastadt, les Pays-Bas et la Belgique furent donnés à l'Autriche avec Milan, Naples et la Sardaigne. « Aussi, » dit un grand historien, la paix d'Utrecht commença, on peut le dire, l'ère *révolutionnaire* en » Europe, en ce qu'elle mit de côté toute idée de » morale, tout respect de l'autorité....., et refit » l'Europe sur des idées abstraites [1] ! »

Voici, en dernier lieu, un exemple qui démontre combien le droit international était souple, complaisant, élastique, sous le système de pur équilibre. Après les traités d'Utrecht et de Rastadt, ayant vu ériger tant de souverainetés dans l'intérêt des princes et non par la considération exclusive de l'intérêt des nations, la princesse des Ursins conçut la pensée de faire constituer en sa faveur une souveraineté indépendante. L'état des esprits à cette époque et l'influence qu'avait cette princesse sur Philippe V d'Espagne permettaient, en effet, d'admettre la possibilité de cette espérance. Ce qui est certain, c'est que cette prétention put retarder d'un

---

[1] Cantu, *Hist. de cent ans*, t. I, p. 1.

mois environ la conclusion de la paix entre les
Espagnols et les Hollandais ! Et pendant ce temps
le sang coulait toujours[1] ! Un système qui autorise
de telles ambitions est nécessairement faux et
mauvais, lorsqu'il n'a pas à côté de lui un correctif puissant.

Un savant écrivain de notre temps porte sur le
système d'équilibre le jugement suivant : « Le ta-
» bleau des faits qui l'ont suivi, dit-il, s'impose
» d'abord à l'esprit par une bruyante et fausse gran-
» deur ; il n'est guère qu'une suite d'actes injustes
» dont l'ambition est la seule cause : jeu sanglant
» où les fautes des souverains sont expiées par les
» douleurs des peuples, où la carte de l'Europe est
» sans cesse modifiée sans profit pour le genre
» humain [2]. »

---

[1] *Hist. des traités de paix,* par Schœll, t. II, p. 146.
[2] Prévost-Paradol, *Essai sur l'hist. univ.,* liv. XV, 1.

CONCLUSION

**La constitution des nationalités peut seule amener une pacifi-
cation relative de l'humanité, conformément à sa vocation et
à ses aspirations.**

Puisque le système d'équilibre pur a été impuis-
sant à établir un ordre de choses satisfaisant et
relativement pacifique, notre époque est fondée à
tenter d'asseoir la pacification future sur des bases
plus solides, en dehors et au-dessus de l'arbitraire
et de l'ambition des hommes.

Le correctif puissant et salutaire de l'ancien
droit international est, selon nous, le principe
des nationalités. Il est, pour ainsi dire, la boussole
qui doit servir de guide dans tous les traités de
l'avenir.

Appuyés et maintenus l'un par l'autre, le système d'équilibre et le principe des nationalités ser-
viront de base à un droit public infiniment plus
stable, plus rationnel et plus juste.

C'est une erreur de penser que l'équilibre ne

peut être établi que par un fractionnement exagéré, artificiel et systématique. Ce moyen a pu constituer autrefois un expédient; mais il est facile de se convaincre aujourd'hui qu'il n'a souvent d'autre effet que de multiplier les luttes en multipliant les intérêts.

Nous ne disons pas qu'il faille détruire violemment, injustement et systématiquement, les petits États; nous disons seulement que, tout en conservant un jugement indépendant et parfois sévère sur les moyens employés par les hommes, *il n'y a pas lieu de concevoir des alarmes exagérées*, ni de maudire notre temps, lorsque, les faits obéissant à l'influence providentielle, à la logique des événements qui agissent sur les peuples et sur les rois, nous voyons quelques-unes des anciennes divisions politiques se fondre dans leur propre nationalité.

Si jamais, par exemple et par une pure hypothèse, la Prusse, triomphante dans le conflit actuel, devait absorber la Saxe et quelques autres États de la Confédération, pour donner une force et une consistance nécessaires au centre de sa puissance [1], quelle devrait

---

[1] Thiers, *Cons. et Emp.*, t. XVIII, p. 429.

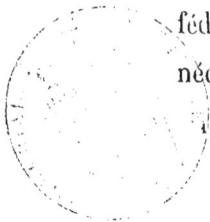

être l'attitude de la France, jusqu'à présent simple spectatrice des événements ? Nous pensons qu'elle ne devrait pas s'en alarmer outre mesure. Ces éventualités ont été examinées au congrès de Vienne en 1814, et M. Thiers en a étudié les conséquences. Il s'est demandé si « la condescendance de la France » aux vœux de la Prusse à cet égard devait être » fâcheuse pour nous. » Il ne paraissait pas le penser lorsqu'il écrivit son *Histoire du Consulat et de l'Empire.* « S'il fallait, dit-il, en effet, que les » Prussiens fussent incommodes pour quelqu'un, » ne valait-il pas mieux que ce fût pour l'Autriche » en les mettant à Dresde, que pour nous en les » mettant à Cologne et à Aix-la-Chapelle? La Prusse, » en obtenant la Saxe, aurait donné plus de souci » à l'Autriche....... Était-ce véritablement à nous, » Français, à nous en inquiéter?.... Poser de telles » questions, c'est presque les résoudre [1]....... »

Il est certain, cependant, que si des événements étaient jamais accomplis dans le sens d'un agrandissement en faveur de la Prusse ou de l'Autriche,

[1] Thiers, *Cons. et Emp.*, t. XVIII, liv. LVI, p. 435.

et que l'une de ces deux puissances fût notablement amoindrie, la France se trouverait amenée, par la force des choses et non par une vulgaire convoitise, à réclamer le complément de sa nationalité pour assurer sa propre sécurité et pour rétablir l'équilibre.

Tout le monde sait que les provinces rhénanes sont la seule compensation possible pour la France des remaniements de territoires en Allemagne. Ces provinces, quelles que soient aujourd'hui les apparences, les entraînements momentanés, mais respectables, qui y dominent, n'en forment pas moins une partie intégrante de la nationalité française, comme la Lorraine et l'Alsace Comme elles, elles seront essentiellement assimilables à la France.

La Prusse l'avait compris en 1814, et elle ne les accepta alors que « *pour le bien général* et pour se » conformer aux vues de la Grande-Bretagne[1]. »

La Prusse sentait à cette époque, et elle le sent encore plus peut-être aujourd'hui, que ces provinces situées à la gauche du Rhin ne sont pas une force

---

[1] Thiers, *Cons. et Emp.*, t. XVIII, p. 565.

bien réelle pour elle. Ces provinces elles-mêmes, quel que soit le courant des idées qui y dominent actuellement, ont leurs intérêts véritables dans la nationalité française [1]. Comme en 1814, il ne semble vraisemblablement pas aujourd'hui beaucoup plus naturel à leurs habitants « d'être les con- » citoyens des habitants de Kœnigsberg, que d'être » les concitoyens des Parisiens [2]. »

Quoi qu'il en soit, la conscience des habitants des provinces rhénanes, loyalement consultée par le vote, doit être le seul juge de la question, si jamais il y a lieu de la poser. Si leur réponse était favorable, la France accueillerait les riverains du Rhin comme des frères ; si, au contraire, elle était négative, il n'y aurait pas lieu d'en concevoir du dépit ou des regrets ; mais les provinces rhénanes, n'appartenant pas à la France, ne pourraient être qu'*indépendantes* et ne devraient jamais retourner à l'Allemagne.

Leur indépendance, selon nous, suffirait pour

[1] Thiers, *Cons. et Emp.*, t. XVIII, p. 402.
[2] *Id.*

garantir et consacrer la nationalité française. Nous avons dit, en effet[1], que l'unité n'est pas la forme absolue et nécessaire de la nationalité.

Ainsi, les provinces rhénanes étant, comme la Belgique, entièrement indépendantes de toute autre puissance, le principe de la nationalité française se trouverait consacré, et la sécurité de notre territoire désormais assurée.

Le temps, la Providence et la force des choses établiraient certainement une union plus solide et plus intime dans l'avenir. La France n'a donc aucun intérêt, selon nous, à violenter les consciences en Belgique et dans les provinces rhénanes; il serait coupable et impolitique de le faire : telle n'est point d'ailleurs la tendance de la France.

En présence des évenements qui se déroulent entre la Prusse et l'Autriche, on ne peut échapper à ce dilemme : ou il ne fallait pas laisser fonder le royaume de Prusse au siècle dernier, et il faut le détruire maintenant; ou il faut lui accorder aujourd'hui une existence forte et normale. Cette dernière solution paraît seule admissible, car il est utile

[1] Voy. ci-dessus, ch. V, p. 47.

pour la France, pour l'Allemagne, pour l'Europe, que la Prusse et l'Autriche puissent se disputer l'influence, sans que jamais l'une des deux puissances puisse absoiber ni paralyser l'autre.

Le moment nous semble venu où les nationalités non constituées doivent être complétées, et où les nations qui ont dépassé leurs propres limites doivent rendre le territoire qu'elles détiennent au détriment d'une nationalité voisine. Quant à la politique qui consiste à fomenter et à favoriser à l'étranger le morcellement, les rivalités, d'une manière systématique et machiavélique ; qui consiste, en un mot, à diviser pour régner et dominer, elle n'est ni juste, ni nécessaire, ni digne de notre temps. La France, bornant ses vœux à ses limites naturelles, est assez forte et assez sage de nos jours pour n'avoir pas besoin de fonder sa sécurité et sa grandeur sur les divisions et les malheurs des nationalités voisines. Il ne faut donc pas se troubler en présence des événements qui nous tiennent dans l'attente. La Providence fait souvent sortir un grand bien de ce qui nous paraît un grand mal.

Un nouvel équilibre, plus sérieux et plus solide,
s'établirait vraisemblablement entre les nationalités,
définitivement constituées conformément aux lois
divines ou naturelles que nous avons essayé d'énu-
mérer et de faire ressortir. L'équilibre reposant à
partir de ce moment sur des bases plus stables, le
monde pourrait se lancer avec plus de confiance
dans la voie de ses aspirations de pacification, de
progrès et de solidarité. Loin d'être des chimères,
ces aspirations soutiennent les esprits et les cœurs :
elles doivent être le but idéal, mais nécessaire, d'une
bonne politique. Nous les avons entendu naguère
soutenir et développer, au point de vue spécialement religieux, par un grand orateur chrétien.
« C'est par la charité, dit le Père Hyacinthe, cette
» exquise vertu inspirée par le Christianisme, que
» l'humanité doit être transformée. La justice oppose
» le droit au droit, la personne à la personne ; elle
» aboutit le plus souvent à la contestation, à la
» guerre. La charité, quand il le faut, pour con-
» server la paix et l'union, cède généreusement son
» droit ; elle se sent solidaire de tous les hommes :
» voilà la grande solidarité humanitaire. Les pen-

» seurs de ce siècle la pressentent, les hommes vul-
» gaires en rient ; mais les hommes vulgaires auront
» tort au XXe ou au XXIe siècle. Les penseurs pro-
» fonds la proclament. Il ne s'agit plus seulement
» d'organiser la *famille et la nation dans leur juste*
» *indépendance*.......... Il s'agit d'organiser l'huma-
» nité, d'incliner les peuples vers les peuples, de
» changer les épées en socs de charrue. Il s'agit
» d'accomplir, après deux mille ans d'attente, la
» grande parole de Jésus-Christ et celle de saint
» Paul. Jésus a dit : « Il n'y aura qu'un seul troupeau
» et qu'un seul pasteur. » Saint Paul a dit : « Il n'y a
» plus de barbares, il n'y a plus de maîtres ni d'es-
» claves....... J'annonce un mystère qui n'a pas été
» connu des générations passées : les nations sont
» cohéritières, elles sont incorporelles........ » Nous
» ne rêvons point, ajoute le Père Hyacinthe, la
» vieille chimère de l'Empire universel ; mais nous
» attendons et nous préparons l'universelle solidarité
» des peuples, leur libre et fraternelle confédération
» par le christianisme [1]. »

L'orateur chrétien, on le voit, fait reposer ses

[1] Père Hyacinthe, *Confér. de N.-D. de Paris,* 1865-1866.

espérances sur la juste indépendance des nations et leur libre et fraternelle confédération.

Le principe des nationalités tend vers le même but, avec des allures moins élevées, mais plus pratiques.

Basant les relations des hommes et les droits légitimes sur la nature des choses, il révèle aux peuples leurs intérêts véritables et les met en garde contre les dangers et l'inanité de la gloire, des envahissements et des conquêtes en dehors de la nationalité.

La véritable, la seule gloire, comme la seule force, est dans le développement des forces intellectuelles et matérielles à l'intérieur de la nationalité constituée.

Quand ces idées auront mûri et auront pénétré les esprits, la pacification du monde aura fait un grand pas.

Quand la Russie, par exemple, les aura méditées, elle comprendra que le programme politique, vrai ou supposé, attribué à Pierre le Grand, mais qu'elle paraît, néanmoins, suivre fidèlement, conduit d'une manière à peu près fatale à la dislocation de l'empire russe.

Là peut-être est la plus sérieuse espérance pour la Pologne. En effet, du jour où les czars prendraient possession du trône de Constantinople, la Russie du Nord tendrait vraisemblablement à se séparer de la Russie méridionale; de même que tous les empires sortis des limites de la nationalité n'ont pas tardé à se dissoudre.

Montesquieu[1] observe à ce sujet que les rois de Syrie ne purent tenir à la fois la haute et la basse Asie.

On peut se demander ici quel est l'avenir réservé aux colonies au point de vue des nationalités.

Il nous semble que le système actuel des colonies ne peut être considéré sous ce rapport que comme la période d'élaboration et de transition pour le monde; c'est le moyen âge de l'univers.

L'Europe avait certainement le droit et le devoir de porter sa religion, sa civilisation, son commerce, son industrie, ses arts, dans les contrées inhabitées ou sauvages à mesure qu'elles étaient découvertes; mais ces pays se sont peuplés, leurs

[1] Montesq., *Grand. et Décad.*, chap. V.

populations sont aujourd'hui nombreuses, intelli-
gentes et fortes. Il serait illusoire de leur contester
le droit à l'indépendance; cela est impossible en
présence des événements accomplis dans les deux
Amériques, à la fin du XVIIIe et dans la première
partie du XIXe siècle. L'Angleterre a perdu les
États-Unis. Il serait chimérique de supposer qu'elle
conservera indéfiniment les Indes et ses autres colonies. Elle ne se dissimule même pas la vraisemblance de cette éventualité. Un des plus grands
hommes d'État de l'Angleterre a prononcé sur ce
sujet, le 8 février 1850, de généreuses paroles aux
applaudissements de la Chambre des communes
tout entière. « Je prévois, comme bien d'autres,
» disait-il, que quelques-unes de nos colonies peu-
» vent grandir en population et en richesse au point
» de nous dire : « *Nous sommes maintenant assez*
» *fortes pour ne plus dépendre de l'Angleterre. Ce*
» *lien nous est devenu trop lourd ; le temps est venu*
» *pour nous de revendiquer notre indépendance en*
» *restant les amies et les alliées du peuple anglais.*» Je
» ne pense pas que ce jour soit déjà près de nous ;
» mais cependant rendons nos colonies, autant que

» possible , capables de se gouverner elles-mêmes;
» ..... et, quoi qu'il arrive, nous, chefs de ce grand
» empire , nous aurons la consolation de dire que
» nous aurons contribué à la prospérité du monde [1].»

Il est donc à supposer qu'avec le temps il s'établira sur tous les continents un système de nationalités.

Quant aux colonies insulaires, la question dépend beaucoup de la surface des îles, de leur situation plus ou moins rapprochée des continents, de la nation et de la race qui les ont peuplées, des intérêts intellectuels et commerciaux. Il est probable que les colonies insulaires se maintiendront plus longtemps que les autres, à peu près indéfiniment même pour les petites îles très-isolées, très-éloignées au milieu des mers. Ne pouvant se suffire à elles-mêmes, elles resteront peut-être attachées à une métropole qui favorisera leur prospérité.

Lorsque tous les continents auront constitué leurs nationalités, la grande ère de la solidarité humaine, pressentie par Henri IV et annoncée par tant de penseurs, sera venue.

[1] V. Prévost-Paradol, *Essai sur l'hist. gén.,* liv. XV, p. 441.

Mais jusqu'alors combien de luttes et de guerres viendront encore ensanglanter le monde? Henri IV, pour les prévenir en Europe, avait pensé à l'établissement d'un grand conseil ou tribunal, où tous les différends devaient être portés et jugés. C'était, nous l'avons dit, la partie vraiment chimérique de ses conceptions. Ce tribunal, destiné à éviter la guerre, n'aurait, en effet, d'autre sanction que la guerre.

Aujourd'hui, nous voyons apparaître les premiers germes d'une force dont la puissance n'était pas jusqu'à présent bien connue, et qui pourra peut-être un jour, non pas empêcher toutes les guerres, mais en prévenir quelques-unes : nous voulons parler de l'opinion publique. Qui peut dire où s'arrêtera sa puissance, par suite de la diffusion de l'instruction et des intérêts moraux et matériels?

Nous voyons déjà les entraves puissantes, les hésitations salutaires, que la crainte de l'opinion publique et du jugement des neutres fait naître dans les décisions des États qui peuvent avoir des intérêts ou des velléités belliqueuses.

Ce germe se développera-t-il, s'épurera-t-il dans

l'avenir? Nous l'ignorons, mais nous l'espérons.

L'espérance soutient au milieu des réalités tristes et présentes.

C'est un moment solennel pour le monde que celui où nous écrivons ces lignes.

L'Europe est au début d'une grande lutte, dont il est difficile de prévoir les sanglantes vicissitudes, la durée, le dénoûment.

Puisque les sages avertissements de quelques penseurs n'ont pu conjurer cette crise ni triompher de l'aveuglement des esprits, qui n'ont pas su ou n'ont pas voulu les comprendre, il ne reste plus qu'à se recueillir et à méditer.

En présence des catastrophes accomplies et de celles qui sont imminentes, bien des illusions tomberont; mais il sera, et il est peut-être déjà trop tard. La raison et la justice ont été méconnues, les nationalités ont été obstinément confondues et opprimées pour satisfaire à des intérêts ou à des ambitions insensées : la force, à défaut de la raison et du droit, est maintenant appelée à résoudre les difficultés. Cette perspective serait bien triste ; elle ferait douter de l'humanité et de son avenir, si l'on ne pensait que les événements sont dans la main de Dieu, et qu'il en fera sortir, par des voies diverses, la justice et la vérité.

Toutes les guerres, en effet, ont eu des causes et des conséquences politiques, religieuses, philosophiques et morales.

Sans remonter au delà de l'ère chrétienne, le monde a vu les guerres produites par les invasions et les migrations des peuples.

Elles ont eu pour but et pour effet la rénovation providentielle de la société païenne, minée par les vices d'une civilisation vieillie.

Cette rénovation a été opérée par l'immixtion de peuples nouveaux. Les barbares furent l'élément régénérateur, plein de force et de vie, surtout après avoir été épuré par le christianisme, qui fut pour eux ce qu'est à l'arbre sauvage la séve du bon fruit.

Les guerres du moyen âge et de la féodalité ont favorisé la classification des peuples, leur répartition définitive sur les territoires, l'élaboration lente et pénible des nationalités et des libertés.

Au XVIᵉ siècle, on s'est battu de toutes parts

pour l'idée religieuse, qui semble dominer toutes les autres questions.

Au XVIIIe et au XIXe siècle, on a lutté pour ou contre l'expansion des idées politiques formulées en 1789.

Quel est le secret de la guerre qui commence, lugubre et menaçante?

Quand nous méditons sur cette question aux lumières de l'histoire, quand nous suivons les tendances et la marche progressive des événements, nous avons l'intuition vague que cette lutte aura pour effet de favoriser, à son issue, l'ère de la pacification relative de l'humanité, par la constitution des nationalités sur leurs bases naturelles et providentielles.

Toutes les nations ennemies la veille de la lutte deviendraient sœurs le lendemain.

Cette guerre, ainsi comprise, serait peut-être la dernière des grandes guerres en Europe, destinée à porter dans l'histoire le nom de *guerre pour les nationalités*. A la différence de ses devancières, elle serait un gage de pacification au moins relative, car il y aura toujours des luttes sur la terre. Mais, en les rendant moins fréquentes, moins inévitables, elle permettrait aux esprits de s'apaiser, aux gouvernements de réduire leurs armées permanentes, de diminuer les charges des peuples, et de donner un plus grand essor au progrès dans toutes ses branches.

Nous faisons des vœux ardents pour que la Providence dirige les esprits dans cette voie, afin que le sang si précieux qui coule, et qui coulera encore à grands flots sur les champs de bataille, puisse y germer et produire du moins des fruits de paix pour des générations plus heureuses.

Mais, pour arriver à ce but, il y a bien des écueils à éviter, et le principal est celui qui consiste, par une juste horreur pour la guerre ou par lassitude, à désirer une paix artificielle en dehors de la consécration des nationalités, seul fondement solide d'un sérieux équilibre et d'une pacification durable.

Déjà nous entendons parler, en vue de la paix à venir, d'échanges de territoire, de compensations, d'indemnités accordées à une nationalité au détriment d'une autre. Quelques-uns excitent la nation dont ils prévoient ou désirent la victoire à user de

sa puissance pour rabaisser outre mesure ou anéantir
sa rivale vaincue, et à renouveler ainsi le *vœ victis*
de Brennus au Capitole : ce sont ou de vains expédients inventés par une humanité mal entendue,
ou bien des excès déplorables. Les difficultés ne
seraient ainsi qu'éludées, déplacées, éloignées ou
compliquées, mais non résolues ; elles renaîtraient
bientôt avec une nouvelle fureur : les nationalités
violées, opprimées, mal limitées et constituées,
seraient entraînées à prendre de nouveau les armes
et à sacrifier de nouvelles hécatombes !

Il faut donc éviter ces dangereuses faiblesses ou
ces excès indignes de notre temps.

Les traités de 1815, dictés par un esprit étroit
de réaction, avaient brisé les nationalités et réparti
arbitrairement les populations et les territoires :
c'est pourquoi la paix qui les a suivis s'est main-
tenue par épuisement et par lassitude, mais non
par la satisfaction des consciences.

Ainsi, sans entendre ni juger, ni approuver sa
politique, nous constatons que la Prusse devait
être fatalement entraînée, tôt ou tard, à tenter de
rectifier sa « *fâcheuse configuration, sa difformité*

géographique », selon les propres expressions d'un grand historien [1].

De même, l'Italie, opprimée, méconnue pendant des siècles, devait réclamer la Vénétie, qui est le complément nécessaire de son territoire et une partie intégrante de sa nationalité, ainsi que nous avons essayé de l'établir.

Telles sont (pour ne citer que celles dont l'évidence et les effets éclatent de nos jours) les fautes du passé, qui devaient infailliblement entraîner l'Europe dans une conflagration nouvelle.

Profitons de ces leçons, et, puisque la guerre n'a pu être conjurée, sachons en faire sortir des temps plus fondamentalement pacifiques et plus réellement heureux pour ceux qui viendront après nous.

Que notre époque, ouvrant les yeux aux enseignements historiques, prenne un noble essor ; s'élevant au-dessus des intérêts et des passions vulgaires, qu'elle constitue enfin les nationalités selon les lois de la nature et les vocations de la **Providence**.

Quelle que soit la partie de ce programme qu'il

[1] Thiers, *Cons. et Emp.*, t. XVIII, p, 428.

puisse être donné à notre époque de réaliser , il en résultera une amélioration proportionnelle pour la paix et le bonheur du monde.

Si le droit public international pouvait ainsi, et grâce à cette crise suprême, sortir des voies dangereuses de l'arbitraire, l'âme navrée, mais le cœur fort dans la sincérité de notre conviction, nous pourrions assister au conflit sanglant avec moins de douleur, en pensant que cette lutte deviendra la source d'un grand bien pour l'avenir.

Lorsqu'à la suite de la tempête le calme sera rendu au monde; lorsqu'une paix nouvelle sera enfin établie sur des bases solides, équitables et fécondes, ne pourra-t-on pas dire comme ces Romains, dont parle Tacite : La guerre elle-même peut être considérée comme un heureux événement lorsqu'elle remplace une mauvaise paix. — *Miseram pacem, vel bello benè mutari*[1] ? »

Montpellier, 23 juin 1866.

O. DE LIRON D'AIROLES.

[1] Tacite , *Ann.*, liv. III, 44.

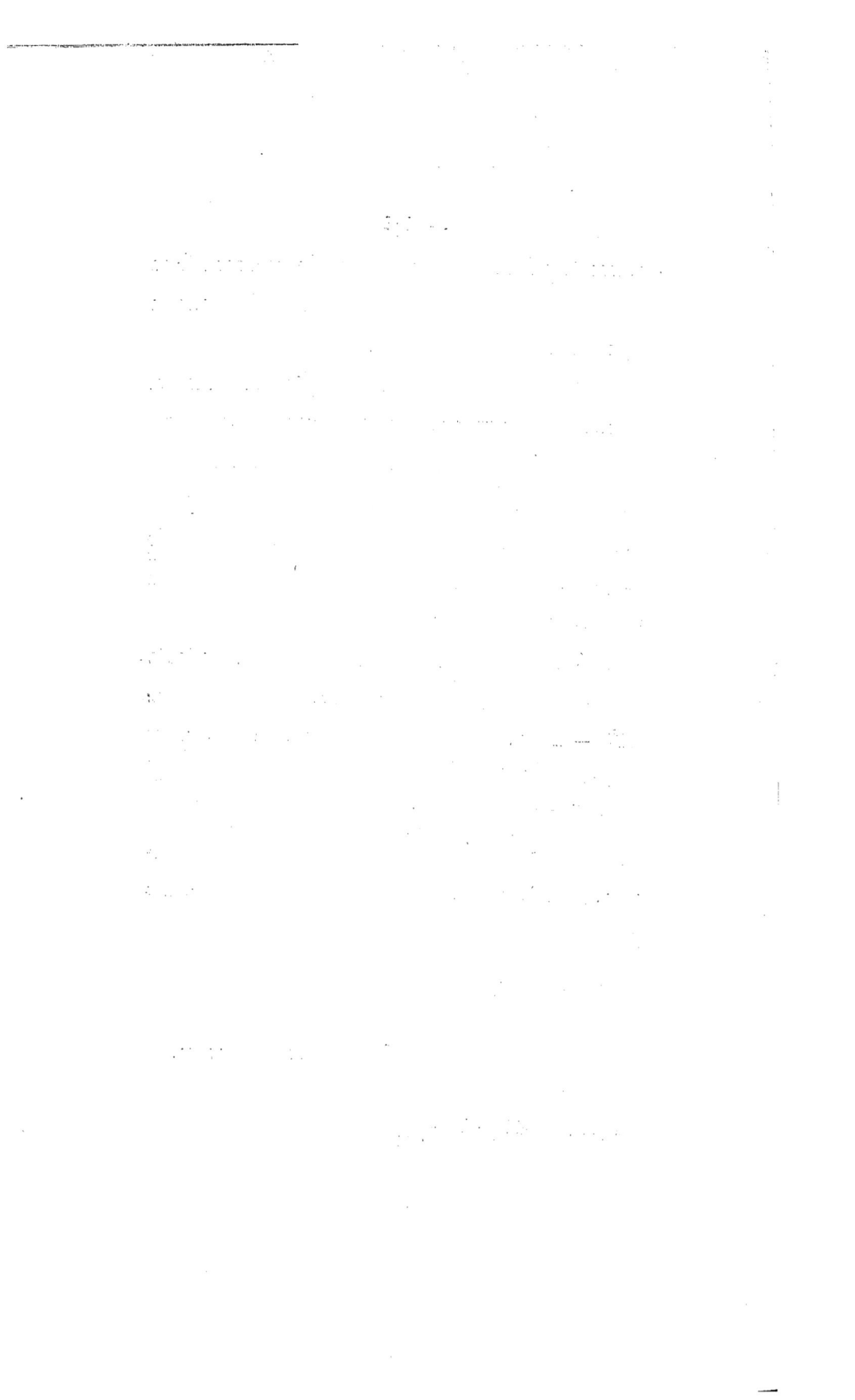

TABLE DES MATIÈRES

Pages.

Montpellier, imprimerie GRAS. — 8450

www.ingramcontent.com/pod-product-compliance
Lightning Source LLC
Chambersburg PA
CBHW050013100426
42739CB00011B/2621